—— 给爸爸 ——

有一条裙子叫
天鹅湖

There is a Skirt Called
Swan Lake

黑玛亚 著

中国青年出版社

自序

　　我是喜欢独处的人，对于已经失去了的独处，有时感恩、有时惆怅。不论怎样，我不喜欢缅怀，我喜欢朝前走，更好的自己在明天。

　　我不喜欢解释自己，我甚至不喜欢句子里出现"我"，但是，又怎能免得掉呢？对于过去的自己，我看到很多的执著，执著于"老地方""老朋友""老情调""老书""老电影""老城""老爱好"……这也许是跟如今的我最不同之处吧。当心不够宽广时，当然就执著；当看到的世界还不够高远时，当然只好执著，好像执著才能够保护所拥有的。人，都会经历执著的阶段，只要不永远执著就好。因为，当你不再执著时，你会发现，拥有的并不会失去，所坚持的也更为自然、诚实、轻松。

这些文字，已经被我删除了，它们只在这本书里被保存。

再看的时候，有点惊心，也有点心疼，就仿佛认识一个感觉默契的女孩，默默看着她时，能够知道得很深，原因就是她有些像我，从前的我。

几年前，我的人生角色、我的位置在很多人看来都还不错了，但我还是走出了安全地带，进入看似冒险的人生。现在看来，人生真正的危险就是故步自封、一成不变。

我尊重从前的自己，她是那么那么认真。认真是宝贵的。

在这本书中从前的文字里，我看到很多独处的时光，我似乎都能闻到那天的气味，然而，我还是更爱现在的这个春天，我不会希望昔日再来，我喜欢旧事已过，我已经变成新的了。我甚至相信，明年我能更年轻。

那条叫天鹅湖的裙子，仍旧在我的衣橱里，还很新，属于"低碳仓库"里的收藏，任何时候，都可以给某个女孩穿着扮演某种角色，给大家带来更多快乐。

谢谢我的责任编辑，在编辑这本书的时候让我点评自己过去的文字，这不仅使人理清楚有落差的时空，也让我自己在回首时对如今的一切充满感恩。

　　谢谢曾经读过这本书的所有伙伴，愿我们不仅是熟悉的陌生人，也是心灵相通的成长伙伴。对于有改变的自己，我有些许欣慰，不过，我更期待明天的成长。

　　期待明天的人，就一定会拥有美好崭新的明天！

目录

Love Reading and Music
Susan Has Just Walked Further

爱阅爱乐
苏珊只是走得更远了

个人印记
上天会给我一个天使吗

在路上
无法抵达的离开

On the Road
Unreachable Destination

单纯选择
慢慢活着

Purely Choose

Slowly Live

爱 阅 爱 乐

苏珊只是
走得更远了

Susan Has Just Walked Further

宝贝的童话

Fairy Tale of Baby

当年轻的父母为孩子打开电视机时，有没有想过，电视节目正在为你们的宝贝进行情感的启蒙教育？当那些没有血肉的钢铁之躯因科技而变得无所不能时，真、善、美还具不具备真正的说服力？难道，我们就让金属做成的童话陪伴孩子走过童年吗？

童话，应该被看成社会信仰的基础。文明、和平的社会氛围来自宽容、纯良的人民。这种基调无法出自制度和法律的管束，它只可能源自从小接受的情感教育——图画书、玩具、电视节目、晚安故事……所以，童话应该是没有血腥和仇恨的。好比《小红帽》里吃人的大灰狼最后并没有被猎人杀死，而只是装了一肚子的硬石头，得到了沉重的惩罚。

在童话里，首先提倡的是善良和纯洁的力量，就像《野天鹅》里的公主艾丽莎，因为太善良太天真，有毒的魔力也无法在她身上生效，接触到她的毒蛤蟆都能变成花朵。在童话里失去生命的反而是具有牺牲精神的好人。优美的童话充满了爱，充满了精神，主人公绝不会是贪生的弱者，他们总以自己的善行求得另一种永生——不灭的灵魂。如《海的女儿》，它甚至是一篇可以用一生来阅读的故事。那无言的爱是这样痛苦而美丽，艰辛而伟大，值得你一遍又一遍地满怀深情地朗读给你的孩子听。如果你的孩子会因此而落泪，相信那泪水将会是你享用一生的至宝。

也许我们的时代不能再造就安徒生那样的童话天才，但腰缠万贯的出版商们至少可以将童话世界里的瑰宝印制得更完美更吸引人，一个好童话值得世世代代地传诵下去。如果，所有的孩子能怀着一种纯美的憧憬长大，一个礼让、温情的社会也将随之产生。要做到这一点并不难，只需要你在宝贝入睡前给他（她）一个美好的晚安故事，未来世界便开始在他们的睡梦中筑成。

为了一个叫吉吉的孩子，我无数次地寻找过米菲兔的书。米菲兔是荷兰画家布鲁纳简洁的妙手下永远的主人公。大头的米菲兔总是正视前方，哪怕犯了错。在每一幅米菲兔的旁边也总是配着四行诗，第二、第四句押韵，朗朗上口。布鲁纳作品的审查者是他携手一生的妻子，他也常朗读自己的作品，听众是五岁的孩子们。从小就爱冥想的布鲁纳只受过小学的绘画教育，其他全靠自学和一颗赤诚不泯的童心。布鲁纳不用直尺画画，哪怕是直线都用手绘，也永远只用孩子喜爱的橘红、深蓝、草绿和黄色，外加棕、灰两色。对他来说，颜色是一个实体，画画又是一个实体，所以绝不会出现电脑作品那种冰冷的准确和眼花缭乱的绚丽。

　　布鲁纳创造的空间和剧情是一个温暖纯净的世界，他一生的努力工作都给了这只米菲兔。在荷兰，米菲兔家喻户晓，有米菲兔邮票、米菲兔装饰品……在日本也有相当好的市场。米菲兔的简洁是纯粹的精髓，不是没有意义的简单。同时它也深受教育界的欢迎，因为它的情节和色彩很适合教学。布鲁纳对孩子有颗真正的爱心，他宁愿为度假海滩画寻找走失孩子的米菲兔，也不肯为口香糖和冰激淋商人画米菲兔，理由是："不要孩子牙痛。"

　　我没能为叫吉吉的孩子找到米菲兔的书，但我一直希望他像米菲兔一样勇于正视前方，哪怕摔了跤，哪怕流着泪。

——
吉吉是我的儿子，等我找到米菲兔时，他已"超龄"
了，不过他还是读了非常多的好童话。幸运的是，
现在的孩子很容易买到米菲兔的书，真好。

阅读不是搞劳动

Reading Doesn't Mean Labour

在朋友家，发现一些影碟居然收藏了两张甚至三张，还都没拆封，问其缘由，居然懵懂不知。显然是第一次买后没时间看，然后第二次遇见又买下来，还是没有时间看。但人的审美取向是不会轻易改变的，于是第三次看到又买了。几天后，朋友在我的书柜里发现了两本一模一样的书——《电影巴黎》，于是用我当初揶揄对方的话完璧归赵。那本书是在书吧买的，为了某天可以拿着它去巴黎找到那些电影院看电影，可买回家也没看。这只是第二次买它的记忆，第一次是在哪里买的根本不记得了，买书的原因却肯定是一样的。

这样的事其实不是第一次发生，我曾经好几次在一个月之内把同样的时尚杂志买了两次，直到阅读时才发现。结果把多余的杂志当礼物送给女友，还心虚地另外配上一枝玫瑰夹在书里，写上愿君美丽之类的祝福，弄得人家觉得我无比浪漫，我哪敢说是"己所不欲"的。

时尚杂志的封面其实很容易发生记忆混淆，就是那么几个人轮流出现，比如凯瑟琳·泽塔琼斯，她一出现你就能在里面看到如何把自己嫁得很成功的专题；过一两个星期她又会在另一本杂志上再次出现，专题大同小异，变成如何学会永不满足之类。还有麦当娜，先在四月的《时尚芭莎》出现，旋即又出现在四月的《世界时装之苑》上，都是穿红上衣，前者写"像麦当娜那样思考"，后者就是"永不落幕的麦当娜"，总结一下说的都是"思考一下如何永不落幕"。我差点以为自己又买重复了。

《瑞丽》就更容易令人犯糊涂，它一共有四本，三本是教人打扮的，封面不是桥本丽香，就是布伦达，发型和笑容永远都是似曾相识的，更容易买重复。我知道他们的封面都是直接向日本的出版社购买的，真怀疑是不是为了享受什么优惠，永远只用那两个封面女郎的照片。有时一个月内两本《瑞丽》同时介绍同一款衣服，只是换一种叫法，这本叫优雅，另一本就变成低调性感。

每个星期似乎都有一些东西读不完，它们就已经成为过去时了。为了搞清楚这个世界到底发生了些什么，我还得去买好几本娱乐杂志看，因为我被人发现竟然连郭德纲都不知道。我还赶紧去看了看徐静蕾的博客，因为已经听好几个人说起了，可是我仍然对他们一无所知。我不知

道自己是否真的需要这样多的资讯，我占有的阅读资料越多，就越感到
自己的阅读量不够并且疲惫。世界上有才智的人如此之多，我是否可以
根据自己的喜好只选择自己欣赏的聪明？

我怀念从前等待《儿童文学》和《少年文艺》时的那种纯净心情，
怀念那词藻惊人、余香满口的阅读的幸福。如果阅读不能令人感到幸福，
那就只是一种劳动，我不喜欢搞劳动。

———

从前没有当当没有卓越，大城市都只有一个宝贵的
新华书店、外文书店，那时书店里有些什么好书爱
书人都能如数家珍。难道现在的好书更多了吗？还
是我们把资讯也当成了宝贝？现在的阅读已经多
次精简，不上网、不看电视、很少的几本杂志只用
眼匆匆扫过，书才用心去阅读。

苏珊只是走得更远了

Susan Has Just Walked Further

很害怕在冬日的清晨接到电话，这样的电话铃声总是透着一股惊悚与彻骨的寒意。十多年前的这样一个时刻，我得知三毛走了；十多年后的这样一个时刻，我被告知苏珊·桑塔格于 2004 年 12 月 28 日走了。才女不年。像苏珊·桑塔格这样在精神上拥有力量的人在我的概念里是与死无关的，至今我也认为她只不过是走得更远一些罢了……

原本准备在一篇年度书籍精选的稿约中，将苏珊·桑塔格放在榜首。且不说爱读书的人，就算是个爱买书的人，苏珊·桑塔格也绝对是一个风向标式的人物。

苏珊·桑塔格的书，看看装帧就知道分量。

《反对阐释》《疾病的隐喻》《重点所在》都是沉沉的净色，上海译文出版社几个字简直谦逊得快要"淡出"，这种内敛的书籍装帧风格现在越来越少了。一副酒香不怕巷子深的模样，才是一本好书该有的气质。

苏珊·桑塔格为我们带来了什么？在介绍她的时候，"美国公众的良心"和"西方当代最重要的女知识分子"是最为普遍的评价。"女知识分子"，这种说法真是意味深长啊。其实有些重大的命题，也是来自苏珊·桑塔格独到的个人体验和敏锐的感受力，比如《疾病的隐喻》。如果你能够不被她晦涩而又漫长的句子吓怕了的话，你至少可以知道，苏珊·桑塔格为我们带来了坎普。

苏珊·桑塔格在 1964 年写的《关于"坎普"的札记》，真的是饶有趣味。她并不想定义坎普，一开始就说："世界上有许多事物还没有被命名；还有一些事物，尽管已经被命名，但从来没有被描述过。其中之一是以'坎普'这个时尚之名流传的那种感受力。"她说："坎普是小圈子里的东西——是某种拥有自己的秘密代码甚至身份标识的东西，见于城市小团体中间。"

看苏珊·桑塔格写坎普，就知道她远不如我们想象中的"公众良心"和"女知识分子"那样板起面孔说话，她甚至解释自己运用札记的形式写坎普，是因为正儿八经地论文式写作是不适合坎普的。她这么说坎普——坎普是过分的风格，是唯美主义的某种形式。坎普的标志是过分的精神，因为坎普"是受了过多人文教育的人"。坎普有赖于天真，但是也腐蚀天真。坎普绝对是有激情的。坎普的关键之处就是废黜严肃，但是也拒绝极端状态的危险做法。坎普是风格对内容、美学对道德的胜利。坎普的趣味是一种对爱、对人性的爱，是一种温柔的感情。

"坎普是一个风格的采纳已经变得大可怀疑的时代的风格的近似物。"（真是拗口）风格就是一切！坎普一方面不惜以内容为代价来突出质地、感性表面和风格，一方面又因为某种内在而欣赏表面，比如在对待葛丽泰·嘉宝的问题上。嘉宝之所以被坎普们欣赏，是因为她"绝色美貌背后的那种令人难以忘怀的男性化的闲散感觉"，那种感觉显然不是表演出来的，它是坎普们的感受力。可见，"坎普感受力就某些事物的理解的双重意义而言，是一种生动的感受力"。

当然，苏珊·桑塔格还举了若干例子，但越是举例说明，界限就越模糊。比如瓦格纳和爵士乐不是坎普，纽约流行音乐集中区和英国利物浦的杂拌儿音乐才是坎普。但《天鹅湖》和贝里尼的歌剧又是坎普！这时你不仅体会到苏珊·桑塔格自己就是一个坎普，而且她在描述坎普时也在无意识地保护坎普。要想做个坎普，可不是做个小资那么易如反掌啊。

正如苏珊·桑塔格所言，有意去做坎普通常是有害的，要知道坎普的原文"CAMP"是矫揉造作的意思。所以啊，幸亏苏珊·桑塔格没有出卖坎普。

　　苏珊·桑塔格，作为一个真正的坎普，用她没有类比性的一生留给我们一个已经走远却永不消失的背影。

────
苏珊·桑塔格，对她的阅读与感受已被岁月调整，好几年不读她了。她对待事物有极端的挖掘和阐述，有时我觉得她就是喜欢问题的存在，她寄生于存在的问题中。

走在米格尔大街上

Walking on Miguel Street

　　中国只有 1500 个读者在奈保尔的米格尔大街上走过，我是其中一个。但这还不是最让人自豪的，真正值得自豪的是这本小 32 开的书是在 2001 年奈保尔获诺贝尔文学奖之前买的。

　　畅销榜是很势利的。奈保尔的《米格尔大街》只印了 1500 册，在获诺贝尔文学奖之前并没有卖完，甚至还在滞销中大打折扣。这是作为读者的羞愧。

　　《米格尔大街》是回忆式的小说系列，在出版的第二年（1959）就获得了毛姆奖。这本小说既可以看成是短篇集，又可以看成一个以带标题的章节组合而成的长篇。它的每个故事都发生在与西班牙港毗邻的一条大街上，说的是米格尔大街上普通到了弱势的一群人。对于那条街上蒙昧混沌的生活，奈保尔的叙述是平静的，辛酸的怀念之情和尖锐的思索要在读完后才能感觉得到。其实，米格尔大街的状态是可大可小的，放之世界，你会发现世界上到处都有米格尔大街的影子。

奈保尔的语言朴实无华，既平常又鲜活，少年的视角和老练，简约的表述常让人忍俊不禁，笑中带泪。

在《告别米格尔大街》这篇里，小说中"我"的母亲从头哭到尾，但母亲的"哭"在故事的发展上却起到了承启的作用，活灵活现——"母亲一面哭一面数出了两百块递给了甘里西（受贿者），她说：'……我就这些，是我攒了很长时间才攒起来的。'甘里西接过钱一脸不高兴的样子，说：'你不应该为这种事操心。有多少就给多少吧。'我母亲哭个不停，最后，甘里西也忍不住哭了起来。见此情景，我母亲赶忙擦干了眼泪说：'……你真不知道我多操心，现在什么东西都要钱，没钱就办不成事情，我真不知道去哪里搞这多钱。'甘里西不哭了，可我母亲又哭了起来。过了一会儿，甘里西退了100块钱给我母亲。这下我母亲才不哭了，可甘里西又呜咽抽泣起来……英国人要我发誓不得使用武力推翻他们的政府，最后给了我一张签证。"

奈保尔是描写对话的天才，擅长用简单干净的文字铺出深沉的内蕴。他的小说风格处于魔幻现实主义和黑色幽默之间，绝对的现实主义叙事使极端的真实达到了几近魔幻的风格。比如在《直到战争来临》里，爱德华说："我们最好戴上手套，我认识一个人，有一天他正在抓螃蟹呢，突然发现他的右手离开他走了。"这无疑也是幽默的，但却不急于展示黑色的一面，它的幽默十分镇静，几乎贴近宿命。奈保尔的幽默本意不是让人发笑的，他的幽默里尽是人类的凄凉。

《米格尔大街》的译本保留了原文的格式特点，就是每个小说的开篇从不空格，给读者的感觉是上来就说，又好像是紧接着上一篇。我想这是奈保尔为《米格尔大街》所做的特别构思，因为每篇小说里的人物是住在同一条大街上，他们同样也在书里串着门。

我有个习惯，就是不论去哪，喜欢随身带样熟悉的东西，这本《米格尔大街》的薄书跟着我去过很多地方，坐过船，看过雪，在几天几夜的群山中穿越。读书的快乐就是能找到好书，并以它为伴。找到好书的快乐是因为那本书符合了你的审美趣味和阅读取向，它使你感到自己不是个仰望畅销榜的阅读势利鬼。

———

对《米格尔大街》的喜爱始终未减，奈保尔"正式"红了之后，我又买了一本新的《米格尔大街》，有人借书，借出的是新的。

我们的心比"冷山"还硬

《冷山》肯定没法成为伟大的作品，因为它生不逢时。我们的心，已经变得比冷山还硬。

电影《冷山》对我的吸引力，是因为它的导演就是《英国病人》的导演安东尼·明格拉，我每年都会把这部片子拿出来再看一遍。而之所以会阅读原著《冷山》是因为受到了《英国病人》的作者迈克尔·翁达杰的推崇，就是他把《冷山》这本书推荐给了安东尼。

还有一个原因，那就是我看《冷山》的作者查尔斯·弗雷泽有一张受难者的脸。尽管查尔斯·弗雷泽在美国的卡罗莱那州的山区过着隐士般的平静生活，但是却有一双历经沧桑的眼睛。这样一个男人，仿佛天生就是要思考一些被我们逐渐遗忘的问题，并且终日被那些问题所折磨，他注定了要来承担讲述这样一个故事的使命。

迈克尔·翁达杰和他是同一种人，他一眼认出了同类，只是迈克尔的眼神热情了许多，迈克尔也更加英俊些。他们都有络腮胡子和紧闭的双唇，他们都是朝圣者。安东尼·明格拉也是个具有朝圣者气质的人。解释信仰是朝圣者的使命，他们所做的就是要我们相信他们的追求。但是显然，我们虽然能够认同那个信仰，但是我们已经不相信它的存在了。

把《冷山》和《乱世佳人》放在一起讲，那是讲鬼话！除了里面提到了同一场战争之外，它没有任何可比之处。《乱世佳人》讲的是一个爱活着的人的故事，而《冷山》讲的是一种藐视生存的人的故事。不论是英曼还是艾达，如果他们都能有像郝斯嘉那样的求生欲望的话，就不会有那么悲惨的结局了。

有多少次，英曼可以停下来，跟救他的人，跟需要他的人，跟给他吃住的人留在一起，至少等战争结束了再回冷山去找艾达。倘使那样，他不会死，他完全可以活着。也许等他回去，艾达仍然在等他，两全其美。但是，只要他停下，哪怕他心里还爱着艾达，他就不是一个朝圣者了，他就不是安东尼要表达的那种爱人了。

这时，我仿佛又看见了《英国病人》中的那个艾马殊伯爵，那个置生死荣辱于不顾在沙漠里跋涉着去救爱人的形象，安东尼要表达的仍然是这种朝圣者的执著。但这次，他似乎有点过了，因为，艾马殊伯爵爱上的是一个有夫之妇，他做任何事都变成是为了让人愿意去接受那种不伦，我们显然已经变得更容易接受一个美丽的错误。所以，当这次，安东尼要把爱情修成正果时，他让很多人觉得累了。更何况，他让那个历经千辛万苦的朝圣者死去了。在书中，查尔斯·弗雷泽都不忍把这个死亡挑明，他这样写道："他（英曼）做了一个灿烂的梦，梦见了家乡。"然后在结尾写道："一对情侣。男人的头枕在女人的腿上。她凝望着他的眼睛，将他额前的头发向后拂去……"这一景象如此恬静祥和，以至于这位目击者日后对此的描述将会使那些天性乐观的人断言，幸福的未来正在等待着他们。

事实上，幸福的未来都归属了那些背叛了爱情的人，现实中爱情的朝圣者都活得孤绝而又忧伤。只要你的心跟冷山一样冷，跟冷山一样硬，你就不会像英曼和艾达一样万劫不复。他们之所以会如此悲惨，就是因为他们妄想抗争那得而复失的爱情。

在书开篇后不久，有一段英曼跟一个瞎子的对话。天生的瞎子说他庆幸自己从来没有看见过这个世界，而英曼则说："有太多东西，我希望自己从来没看到过。"瞎子说："你需要把这一切都忘掉。"英曼并未告诉瞎子，不论他如何努力，结果都是徒劳……因为，他看见了艾达，他爱艾达，无法忘怀，他的生命必须服从艾达的呼唤："如果你在打仗，那就停止打仗；如果你在行军，那就停止行军，快回到我的身边。"而那个把小说当早餐的艾达，她原本有足够的姿色和智力比郝斯嘉活得更好，但是她没有！她之所以学会生存活了下来，仅仅是因为她在冥冥中看见英曼朝她走来，他们就是对方心里的神，在朝圣的路上不断地彼此靠近。

那些心肠比冷山还硬的人，那些在朝圣路上做了逃兵的人，那些爱情的叛徒，看了《冷山》之后，一定暗自庆幸：幸亏我不要爱情了。

我欣赏安东尼·明格拉的平静，他说："《冷山》没有达到伟大的地步，我想原因很多，但就我个人来说，我真的很喜欢这部电影，因为这部电影非常诚恳。"这是一个朝圣者应有的平静，还有高傲。

———

仍旧喜欢安东尼·明格拉，我相信要是他还在，这几年一定能有好片是出自于他的。他绝不玩世的电影态度，使我尊敬。不过，看到自己在这篇文章中对待爱情的态度还是比较激烈的，我笑了。尤其是骂爱情叛徒的那几句，当时可能觉得痛快，如今，我会想，幸亏叛变了，总比卧底好。

找寻最后的爱情小说

有人会忘记自己看第一本爱情小说时的颤动和心情吗？如今，那种感动还在吗？或许应该问：使人产生这种感动的爱情书籍还在吗？

恋爱这个词已经变得能被任何行业毫不羞涩地运用自如，比如奶与红茶的一场恋爱……在书架上，我们要找到"爱情"二字是一件何其容易的事。但是，如果想要从书里再找寻令我们感动的爱情故事，那已经是明显的奢望了，这就是为什么很多人都会怀念看琼瑶小说时有过的激动了。

记忆中，这几年都没有看过什么爱情小说了。有一次在《万象》上看到一篇文章，是邹东来先生写的《从美的徒劳和爱的沦丧》，其中有这么一句话："现在想来，我很庆幸那个因为不可以放纵自己的情绪和欲望而没有那么多故事的年代。很庆幸在那个年代里读到川端康成、谷崎润一郎，而不是在这个年代里读到村上春树。那个时代的男人，甚至包括胡兰成在内，虽然无耻，心底里却有某种纯洁的东西一直存在着，这或许就是为什么哪怕张爱玲这样聪明的女人也有了开始骗局的勇气吧。"读这样的句子，内心竟有一种知遇的感激，终于对自己不能热爱的一些畅销书有一种释然，原本很为自己的落伍而惴惴。

邹东来先生说的纯洁应该就是对爱情的信仰吧。我想，仍然信仰爱情的人和阅读这种信仰的人都越来越少了，渐渐地人们都习惯了以另一种方式来描写爱情和阅读爱情。正如邹东来先生对《挪威的森林》的感受："这个故事无关乎爱情的理念。它是一个以所有爱的理念都沦丧了为前提的故事，只不过这个故事，以爱情的表面形式被描述出来。我真的很难想象，如果在我青春年少的时候，逢着这样一个彼此距离无限接近、却互不相识的时代，读的是村上春树，我心中会是怎样一片荒芜和凄凉。人生在村上春树的世界里成了一个又一个没有目的、零碎的动作，铸就不起理想。"

带着这种找寻温暖的心态，邹东来先生翻译了《为恋而生》这本书，它由日本两位男女作家的对谈和思辨为录，探讨爱情与生死的主题。虽然里面也有"到死之前，也许还不知道究竟真正爱谁"这样残酷的话，但是也有"你若能爱我的话，我可以背叛祖国，否定朋友，无论全世界发生了什么，都与我无关"。这句话让我想起《英伦情人》，想起它的小说里那些痴心不改的缠绵，那些看似冷静的热血沸腾——"我曾答应告诉你，人是如何坠入情网的。"我喜欢这样的语调，这样的爱情小说。

现在，只要是有男女同时出现的故事，只要是出现了"爱"这个字眼的小说，我们就会很轻易地以为自己读到了一本爱情小说。因为我们没有更多的方式来描述这个不可替代的词——爱情。而且，在《生命中不可承受之轻》之后，文坛就兴起了一股爱情必须与哲学并存的风气，在那之后的爱情小说都变得通透冰冷，仿佛都由一只只外科医生的手执笔写成。爱情，再也没有了那痛苦而又醉人的气息。就算是对热恋的描写，作家也极尽剖析之能事，唯恐自己所写的变成真正的爱情小说。

阿兰·德波顿在他的《爱情笔记》里曾经描写一个跟爱情类似的病例，说有个人认为自己是一只煎蛋，所以不肯坐下，怕蛋黄溢出来，最后医生让他随身带着一片面包，在坐下来之前把面包片放在椅子上，这个病人终于可以正常地活下去了……于是，英伦才子阿兰写道："这个故事的意义在于什么？它不过表明虽然一个人可以生活在妄想之中（坠入爱河，认为自己是一只鸡蛋），如果他能够找到这种妄想的补充物（与克洛艾相似的另一位心上人，一片面包），那么一切又可以平安无事了。"

读到这里，内心是悲哀的。我怎能承认自己对爱情的向往和等待犹如一个妄想症患者找寻一片面包？因为我深知自己并非一只煎蛋，即使是，那也是一只为了爱可以支离破碎的煎蛋。那么，我想反问，阿兰的《爱情笔记》为读者解决了什么？我想他的爱情小说是为所有害怕蛋黄溢出的煎蛋写的，他为他们解决了恐惧，但那不是来自爱情的恐惧，那仍然只是生存的恐惧。

关于这种恐惧，在王小波和李银河的书信录《爱你就像爱生命》里有暖洋洋的解释。这对才子才女有足够的学问和哲思来探讨爱情，但是他们没有，他们始终沉浸在爱情的甜酸苦辣里。我找不到别的解释，只能相信那是因为他们有爱情信仰。

每当读到王小波给李银河的信的开场白，就感到鼻翼发酸："你好哇，银河……我想你想得要命……我会不爱你吗？不爱你？不会。爱你就像爱生命。"有时也会被小波的狡诈逗笑，比如："假如你愿意，你就恋爱吧，爱我。恋爱可以把什么问题都解决了……如果你不要恋爱，那我还是愁容骑士。如果你想喜欢别人，我还是你的朋友。你不能和我心灵相通，却和爱的人心灵不通吧。"还有"你要是愿意，我就永远爱你；你要不愿意，我就永远相思。对了，永远相思你。""告诉你，一想起你，我这张丑脸上就泛起微笑。""咱们千万别分手，我害怕这个。一想到有这样的可能我就吓坏了。"其实，阿兰·德波顿提出的问题，在他们的书信里都有答案，我相信他们的智商绝无上下之分，这只关乎对爱的信仰。

看白先勇的《蓦然回首》，开篇《树犹如此》写的是白先勇对挚友王国祥的怀念，里面清淡的文字，让人欲哭无泪。尤其最后一段，他平静地叙述自己如何在王国祥死后重新打理他们一起建造的花园时，令人感到的是入骨的寂寥和心痛。我想这就是爱情了。它跟阿兰在《爱情笔记》的最后所找到的出路是那么的不同，阿兰写的是煎蛋又找到了新的面包片——"又一次坠入爱河"。

　　喜欢《爱情事件》《英伦情人》和《冷山》这样充满了爱情的纯正滋味的人，应该不会太喜欢《布拉格之恋》吧，至少我是这样。我不介意旁人因此说我肤浅，因为我愿意始终做个爱读爱情小说、爱看爱情电影的人。一本充满爱情字眼的书，我只要随意翻看几页，便能嗅出它是否是一本真正的爱情小说。有太多打着爱情的旗帜自诩为爱情小说的书籍了，我在心里把这些作者称为一群没有了爱情信仰的爱情写作者。写爱情对他们来说已经是一种力不从心的事了，没有信仰的人是无法令人信服和动容的，但这却恰恰是衡量一部爱情小说的普通而正宗的标准。

爱情，是恩典，真不是努力就能得到的。看到自己曾经为这个世界上的冷漠而痛心，为纯正的爱情而呐喊，我有点欣慰，至少我曾经不麻木，并且一直相信爱情……感恩，自己得到了这个恩典。所以，相信什么，是很重要的。

要记得给上帝写信

Remember to Write to God

一年中的第一个长假将要到来时，内心是摇摆茫然的。愿望从四面八方涌来，却发现自己并没有一个可以明确的去处，最后一个离开空旷寂静的办公室，沮丧和失落随长假如约而至。带上两本书回了父亲家，窗外，一直是江南的雨声。

父亲家的老座钟每过一小时响一次，时间被潮湿的空气滋润得温厚起来，我很快看完自己带回家的书。于是在书架上找出一本毕业后留在父亲家的书来读，它是《紫色》。如果说当年我会买下这本书的理由是它获得了1983年的普利策奖的话，那么在十多年后再次拿起它的原因，我愿意把它解释为上帝的旨意。它给我的教诲是十多年前我那肤浅的悟性所无法领略的。

大部分关于《紫色》的介绍都是这样的："它真实地反映了一位黑人女性悲苦而倔强的一生。"黑人女性叫茜莉，她的经历的确是不幸的，但她并不倔强，她拥有的甚至是一种懵懂的纯真，令人胸口发疼的天真。在她眼里没有所谓罪，我想那是她的上帝赐予她的最美丽的礼物。对于一个没有爱、天生丑样、贫穷卑微的黑人女孩来说，她唯一拥有的就是她的上帝了。

我之所以不愿意将《紫色》看成一个悲苦而倔强的故事，是因为茜莉从来不会抱怨，也不愁苦，她是个聆听和等待生之喜悦的女人。重读《紫色》给我的感动就是她那安静的语调和纯真的心。

茜莉的故事发生在1909年的美国南部，从未受过教育的女孩茜莉被继父奸污后，生下的两个孩子也被继父送给了别人。最后她被继父所迫嫁给了一个粗暴的鳏夫，茜莉称他为"X 先生"。茜莉开始了奴隶一样的生活，在她的生活里任何人都可以欺负她，只有亲妹妹聂蒂与她心心相印。但这短促的幸福也迅速从茜莉身边消失了，因为"X 先生"强奸聂蒂不成，恼羞成怒地将聂蒂赶走了。姐妹二人被残酷分开时曾约定写信，"只要不死，我就会写信给你"。但是年复一年，茜莉从没有在家门口的邮箱中找到过聂蒂的只言片语。于是，她坚持给上帝写信，始终坚信有一天能与聂蒂再次重逢。

　　故事的高潮出现在"X 先生"的情妇莎格·阿维里到来之后。她跟"X 先生"有过三个孩子，但是"X 先生"不敢违背父命娶她为妻，当莎格一身重病被"X 先生"接到家里来养病时还要出面干涉……这反而使得茜莉与"X 先生"出现了一次感情上的亲近，在茜莉的照顾下，奄奄一息的莎格居然又重放光彩。

　　《紫色》曾经也被看成是一部描写同性恋的小说，因为茜莉跟莎格之间产生了感情和身体的亲密接触。可是以茜莉的口吻娓娓道来时，我很难判断这是否真的是一种可以用性倾向来判断的感情。或者，这种感情更多的是一种姐妹之情，对茜莉来说也是第一次有人夸她美好。"你的笑容真美。"莎格说道。这种美是茜莉凭借真实的善良赢得的，如果这是爱情，也是善良赢得的爱情。毕竟在茜莉的生活里，自从妹妹聂蒂消失以后，莎格是唯一一个让她体会到美丽的人，也是慢慢改变了她的生命的人，被她称为"比妈妈美，比我美上一万倍"。

　　莎格帮她找到了被"X 先生"藏起来的妹妹聂蒂的来信，继而帮她找到了自己失去的两个孩子，他们刚好被聂蒂帮佣的人收养了，聂蒂正用全部的爱心照看着他们……茜莉的上帝，好像终于收到了茜莉的来信，向她发出了一丝光芒，照耀到茜莉黑暗的生命里。其实，都是茜莉自己赢得的，以她天性纯良的心赢得的。

　　故事的结尾更是令人欣慰，离家后的茜莉有了自己的事业——做衬裤，还赢得了"X 先生"的尊敬，他甚至要求她重新再嫁给他，莎格也要求到她身边生活，那些曾经打骂过她的家人都好像爱上了她，妹妹也带着她的两个孩子来到她身边。

那个一无所有的丑女孩终于拥有了自己生命的颜色，仅仅凭她给上帝写的信。给上帝写信到底意味着什么？这让我想到书的扉页上的题词——"献给精神，没有它的帮助，这本书我就写不成。"《紫色》的作者艾丽丝·沃克是第一个获得普利策奖的黑人女作家，她笔下茜莉的原型就是她的老祖母。她为了写这本小说几次搬家，直到找到一个适合她笔下人物生存的环境为止，然后一气呵成。

要形容她的语言风格，我觉得只有四个字可以表达——"宠辱不惊"，其中潜伏着一种沉着的幽默。比如莎格刚到茜莉家时很是尖刻，茜莉在给上帝的信里形容她"虚弱得像一只小猫，可她嘴里却装满了爪子"。一切现实的残酷都是以宠辱不惊的语调展现在读者面前的。比如小说一开始就是对继父奸污茜莉的描写，着墨很淡，仿佛轻轻带过，却深深揪住了读者的心，所有错综复杂的关系也在一封又一封给上帝的信笺里变得清晰简单。语言很本土化，后来当斯皮尔伯格将《紫色》拍成电影时，艾丽丝·沃克还亲临拍摄现场，传授南方黑人所特有的乡土口音。茜莉则由著名的黑人女明星乌比·戈德堡扮演。影片当年获得11项大奖提名，但未获一奖。《紫色》显然不符合好莱坞的基调，那种志在必得的进取姿态才是他们的主流信仰。

艾丽丝·沃克的上帝所指其实与信仰无关，她本人就是一个老跟教会唱反调的人，并且不相信上帝的存在。与其说茜莉依赖的是上帝，还不如说她守住了自己的善良，就像艾丽丝·沃克靠着"精神"写成了《紫色》。所以一定要想一想，我们此生有什么可以去依靠的，依靠什么能够让我们可以平静地体会到生命的喜悦。

长假之后，我带着这本当年只卖三元六角五分的旧书回到了深圳。

———
我还记得那个长假的天气和温度……如今，父亲每一天都和我生活在一起，我所有的旧书也到了深圳。在这平安的日子里，我天天跟上帝说着话……为了保守一颗安静纯真的心。

又寂寞又美好

"花瓣们已经说好，这辈子要一起美丽，也要一起老去。"我总是会在几米的绘本里面找到一个跟自己相似的形象。只有看几米的绘本我才会做这种主动归类，除了他去年出版的那本《我们、你们、他们》。这次，我再次找到了自己，那个背着双肩包，站在像威尼斯冈朵拉的独舟之上，双手插在长裙口袋里面，长发被风吹得跟地面平行的女孩。她以漫游的姿态平静地跟陌生的河、陌生的天空融在一起。

河岸上的窗口黑洞洞的，不过这次并没有兔子的眼睛。从前的故事里总是有一只兔子睁着巨大的眼睛，看着故事里的主人公。天气仿佛并不晴朗，这一整本书都充满了这种阴天的调子，掺入了灰色的褐色，掺入了灰色的紫色、蓝色，掺入了灰色的咖啡色，以及各种灰色本身。灰色，我喜欢的颜色。我们活着，都以为自己是永生的，忙碌、焦躁、不知所云、不知所为、不知所爱……直到有一天，面临死亡。几米在1995年得知自己患了癌症，在《又寂寞又美好》的扉页上他写着——"1996-1999某年某月某一天"。于是我知道了这本书里灰色的来历，因为灰色里面有所有的颜色，诸色合一为灰。

　　几米的画里没有我们未见过的事物，没有我们感觉生疏的词语。但是，他却能让人意外，他让太多的人发现自己错过了生命中无数动人的细节。因为他是用一颗随时都可能停止跳动的心来体会生命的，这是一种极致的体验，常常便有了宿命的意味，于是哀伤得十分温顺——"夜幕落下，我仔细上妆，涂抹口红，调整姿势，静静等待，寂寞到来。"这样的句子，一读惊心，是蚀骨的。这样的姿态，是每个人都有过的，只是，不是每个人都能保持的。

　　这本书，是没有页码的。可以让我在蜜色的台灯下，静静地用各色的铅笔将阿拉伯数字一个一个写在每页的页角，有时用蓝，有时用橙，跟灰色放在一起一定好看，因为灰色具有无限的包容性，就像寂寞。美好的寂寞里有着深不见底的美丽。

———

我看到了往日的寂寞，我谢谢在寂寞的夜里读书的自己……发现，如今完全没有了寂寞，而且我相信永生，并且希望自己所作的是有意义的、能被永生纪念的。好好地经历寂寞，是生命中必须的锻炼。

这是很有意思的事

生活需要格调。海峡文艺出版社将一千多年前日本才女清少纳言的《枕草子》称为"高尚人士的情态手册和格调辞典"。书中更有阅读指南告诉我们要学会像清少纳言那样说："这是很有意思的。"

于是有个书呆子朋友，关了手机，几天联络不到人，后来解释说"因为我在读《枕草子》"。真是很有意思。

要像清少纳言，首先须有好的听力。雨脚风声、百鸟啼鸣、车子的好坏她全凭听觉便知。砚台里落了头发，磨墨时发出的声音以及破旧的车发出的声音都是她觉得可憎的事。如果在今天她一定是爱车一族，但绝不会自己开车，她喜欢高雅的男子为她驾车。香港女作家林燕妮就是请专职司机为她驾驶劳斯莱斯的，但只听说她爱读纳兰性德的词，没听说她也喜欢清少纳言，这个巧合是很有意思的事。

对色彩的感觉要极其敏感，绝不能是色盲。淡黄色和发了黄的白色都是她最憎恶的，淡蓝、淡紫是她最喜欢的。她对穿着的色调、质地、搭配甚是讲究，生在现代，最佳穿着人士非她莫属。

嗅觉也必须没问题，她喜欢穿香熏过的衣衫，就好比今天我们爱用香水。但她爱好的是一两天前熏过后留在衣服上的余香，像时尚杂志上教导我们正确喷洒香水后所具有的那种效果，若有若无。

肠胃也得没问题，因为清少纳言喜欢夜里睡起喝凉水，她认为这是愉快的事，而用新的金碗盛着掺入了蔗汁的刨冰则是高雅的东西。若生在现代，她的饮水机一定具有制冷功能或会常备冰块。

清少纳言是一个孝顺的人，却不怎么爱孩子，除非孩子和孩子的衣服都乖巧美丽，最好肤白，不爱哭，不然孩子的哭声和顽皮都是让她烦心的。非常的日式——唯美而冷漠，若在今天她很可能是丁克一族。但多亏了她的三次婚姻和不得不生下的后代，她的《枕草子》得以流传至今。

她还是一个怕闷的人，虽然讨厌与道人是非的女人们聚到一起，但闲得无聊、心情愉快的时候也会跟她们"天南地北，不分公私"地聊天。她也喜看热闹，不过"没有一个认识的人看热闹是令人担心的事"，这真是很有意思的事。古今中外的女人都难免八卦，也正是这一点让卓尔不群的女人穿越时空可亲可人起来。

清少纳言是个浪漫或至少经常目睹浪漫的人，她的情爱描写十分具备视觉的美感，有的就是活生生的镜头语言。在这一点上，杜拉斯跟她一样。好画面的描写，传声传神。我想她对日本电影也是有过绝对影响的人。都说《枕草子》是《枕边禁书》的原创蓝本，但《枕边禁书》不见得就领会了清少纳言的真谛。倒是随便一部日本电影，比如《失乐园》吧，两个有悖于社会伦理道德的恋人开车去自杀，一路上还在彬彬有礼地调情，含蓄地说着彼此令人心动的地方，再吃了精致的食品，然后死于绝美的一刻。有意思的是，女主人公就是个书法老师，这是很符合清少纳言的格调的——"年轻貌美的女人，将夏天的帏帐下端搭在帐竿上，穿着白绫单衣，外罩淡蓝的薄罗衣，在那里习字，这是很优美的。"

用今天的话来说，清少纳言绝对是一个知性女人，从她对文房四宝的珍爱就可看出。她喜欢丝线装订的本子、洁白的檀纸，喜欢读得下去的小说，还有原本不知道又不好意思问的知识被自己偶尔得知了，都是让她欢喜的事。清少纳言不但熟谙诗画，还饱读中国的诗文。跟今天研究比较文学的女博士相比不仅毫不逊色，且十分知情识趣、风情万种。她也会是个彻底的环保主义者，她笔尖最深情饱满之处便是对四季以及自然景观的描写。

　　说清少纳言影响了日本人的审美及灵魂确不为过，日本人的东西，美到极致也都是源于女人的阴柔精致。这本《枕草子》的细节之美正是让现代人找到一种从容的情怀，体会生命之静美。现代的格调却需要一千多年前的心境来滋养，这是很有意思的事。

　　唯一读不明白的是清少纳言说在黑暗中吃板栗是令人担心的事。她为何要在黑暗中吃板栗呢？既然担心为何又不点盏灯再吃呢？这真是有意思的事。

――
这本书我仍旧喜欢，清少纳言能让你明白什么是粗糙的生命。

突然一夜青春梦

　　白先勇走进来的时候，我甚至愿意相信，他是穿过 400 年的光阴，走到我们面前的汤显祖。还有谁会比他更像《牡丹亭》的作者？雍容，有种坚不可摧的柔软，正如那最最美丽的痴情。他是爱笑的，绝不敷衍任何人的问题，而又天真漠漠，永远都那么热烈地讲解着他的昆曲。白先勇喜欢将汤显祖与莎士比亚相提并论，但是我更愿意相信他与汤显祖有着某种前生后世的因果轮回。在深圳物质生活书吧和关山月美术馆的四方沙龙，白先勇为他带来的昆曲《牡丹亭》作了两次讲座。每当白先勇出场，我都有种恍若隔世的感觉，他实在不像今世之人，又或者现世因他显得粗糙慌张吧。

　　白先勇在书吧时，有位家长带了自己热爱

昆曲的女儿来，背诵了长长的一段曲词，令白先勇开心不已。后来在看
《牡丹亭》时我见到了这个聪明的孩子，只可惜她还是穿得极其马虎，
一头乱发，她的父母也不给她收拾一下。昆曲就是一个"美"字打动人心，
怎能让一个爱昆曲的孩子如此蓬头垢面呢。

深圳会堂并不大，但听说离演出只有三两天时票也才售出一半。我
发过十几条信息给周边有家或有情侣的朋友，让他们一定要记得带上爱
人去看《牡丹亭》，但是只有在读研的一个双鱼座妹妹这样做了。其他
人回复都差不多："哎呀，刚好有事呢，走不开。""还不知那天有没
有时间呢。"这就是深圳人，要他们拿出一连三个晚上的时间去听昆曲，
几乎是要拿出改变生活方式的勇气。他们习惯了总是"有事"，即使没事，
他们也愿意等待随时"有事"。还有个杭州籍的朋友说："看《牡丹亭》，
跟爱人去似乎不妥，不跟爱人去吧，也不妥，左右思量都不妥……"真
叫一个累。

对我来说，只要杜丽娘一出现，我就像在经历一场恋爱，她悲我悲，
她喜我也悲，我知道，我们永远永远地失去这样一种爱情了。在黑暗中，
潸然泪下。做一个杜丽娘是多么美妙啊，因梦成痴也好，一梦而亡也罢，
生生死死都是至情至美的生命极致。这样的挥霍，令人激赏。想想，这
个锦衣玉食的大家闺秀，觉得"幸矣"的只不过是死后可以葬在那株大
梅树下罢了。

我想起白先勇从前曾谈到他对张爱玲的看法。他说他对人的感情、

爱情是抱着同情的态度，所以他对于去戏弄、嘲讽别人感情的文字不感兴趣。白先勇认为像张爱玲那样的文字来自她生活的困难时代，所以她习惯了去写黑暗阴森的文字。要把人生看得通透，白先勇绝对拥有超过张爱玲的功力和智慧，只是他更愿意守护永生永世的爱情梦罢了。人跟人是不同的，贵族跟贵族也不一样。有的贵在身份，有的贵在骨髓。最潦倒的就是内心没有爱情之人。在深圳，我听到过不计其数的感情事件，但是从没有听说过一个爱情故事。我不知道这座富裕的城市，何时才能真正丰饶起来。

记得那夜，散场之后，打不到的士，我坐在一辆很空的公车上，在摇晃中回宿舍去，车厢漆黑，我心还荡漾着《牡丹亭》里艳丽的戏服……我竟然会说"做杜丽娘多么美妙"，寂寞的当年。现在，我只想为自己生于这个时代庆幸了。

带上你所有的耳朵和郑重

Bring with Your Ears and Cordiality

我们到达的时候，离节目单上标明的开演时间还有 20 分钟。这是中法长笛钢琴室内乐音乐会，很期待可以领略来自法国的贝努瓦·佛蒙芒日先生带来的法国长笛学派的美妙。

深爱长笛如丝如缎的音质，就像是从心里抽出来，袅袅升起，悠扬的长音里有仙气在，令你不忍一饮而尽，唯有屏息倾听。即使是同一个长笛演奏家，每次给予你的都会不同，每次倾听都是可遇不可求的机缘，值得珍惜。四年前听加拿大的长笛演奏家琳达女士讲述长笛的技巧，竟道出白居易"嘈嘈切切错杂弹，大珠小珠落玉盘"的境界，她说："快要清晰地快，每一个音都要像一粒珍珠，是饱满的，要结实。"音乐给人的教诲胜过万语千言，能够在音乐里澄静下来的心总是可以远离粗粝和喧嚣吧，倘使人人心里有音乐，我们是否会看到更多干净的眼神和柔和的脸色呢?

正式演出的时间早过了，还有许多位子空缺，尤其是前排的。时间是八点，照理说晚餐和梳洗都可从容，但是当贝努瓦·佛蒙芒日先生走到台上时，还有观众正在进来，贝努瓦·佛蒙芒日手执长笛，等着后来者入座。开场的曲目可说是安排得 "因地制宜"，五首门德尔松的无词歌，轻盈无忧，而几乎每首的间隔都有迟到的观众进场，贝努瓦·佛蒙芒日仍坚持站着，先目送从右侧门进来的观众落座，再挥手示意左边进来的观众落座，这才肯再开始自己的演出。在音乐会国际礼仪中，对于不符合礼仪的打扰和冒犯，演出者是有权利选择退场罢演的，可以说贝努瓦·佛蒙芒日已经很宽容。

中场休息，遇到许久未见的饶丹，她是深圳交响乐团的长笛演奏家，长笛界的新秀，谈到上半场的尴尬，又提及四月格拉夫在深圳少年宫剧场演出时更叫人无奈，老人家急得用长笛吹出台下手机的铃声，观众竟然不知深浅地给予掌声，以为是大师在搞幽默。

看着前排三个还穿着校服的男孩，头发汗津津的，我想什么时候去听音乐会的孩子是庄重整洁、赏心悦目的，那么我们的音乐会一定不会再有尴尬。只是如果学校从小就欠缺礼仪课，为何演出承办方不在票据或者节目单上反复强调音乐会礼仪呢? 音乐虽然有古典高雅、阳春白雪之分，礼仪却完全应该是大众的，流行乐也需要受到礼貌的对待。郑重地对待音乐，也是郑重地对待自己的内心，你和你热爱的音乐都应该有令人肃然起敬的一刻。

虽然听说了那样的无奈，我还是万分惋惜自己没有听到长笛大师彼得·卢卡·格拉夫在深圳的独奏音乐会，假如那天我去了，我会带着自己所有的耳朵和郑重前往的。遗憾是休眠于内心的虫，在它偶尔惊醒的一刻，冷不丁地让你意识到它深刻的存在，但是真正的完美有更大的魔法令遗憾不再醒来。

———
这些尴尬如今也还有啊，圣诞音乐会，身边坐着一对情侣，一直都在打情骂俏地闹，我想他们实在不适合结婚，在那么圣洁的音乐面前都安静不下来的男女，婚后的日子只怕会不得安宁。

被上帝亲吻过的嗓子

The Voice Kissed by God

　　"上帝给你的一切，都自有它的用处。"这么多年过去，见过一些人，看过一些书，心里惦记着的却还是邓穆神父说的这句话。

　　在邓神父一尘不染的房间里，我吃着他做的几样小菜，听着他的音乐，跟他说着学校的事。当时面临毕业分配的我因为有了神父的这句话，比班上的同学都要安静。下了课，夹着几本书就走去离学校不远的教堂。七旬的老人，见到我总是笑眯了眼，用法语跟我问好。而那句话他对我讲了不止一次，我想我该记住。

　　第一次看安德烈亚·波切利的演出，我的激动穿过泪光看见了真正属于音乐的辉煌和至美。他的歌声像天空中的翅膀那样舒展，尤其在高音的部分有一种滑翔的流畅，像一次毫不费力的优雅起飞，带着听众轻盈地上升、上升；又像最见功底的芭蕾双人舞，男舞者的力度通过女舞者的飘然腾空得以体现。波切利的高音从来不是让人拧着一把汗似的拔地而起，而是从容地滑向他要到达的地方。

　　我并不喜欢把波切利称为意大利的盲人歌手，从古至今音乐从未拒绝过身残的人，所以我喜欢"被上帝亲吻过的嗓子"这种说法。也许，正是波切利的盲使得他对音乐的领悟更纯粹，对艺术的表达更透明。他在 12 岁时失去了光明，或许留在他心中的世界保持着永远的纯真。他的神情总是那样不食人间烟火般的静谧。他看不见台下噙着热泪被他感动和折服的观众，他看不见为他痴狂、双手合十、闭目凝神倾听的女士。当他不带任何表演欲望地站在舞台中央，站在他的黑暗中歌唱时，上帝就这样温柔地亲吻了他。当表演艺术没有了表演的欲望和成分，剩下的就是艺术的辉煌了。

　　音乐评论家喜欢说波切利的演唱技巧受益于帕瓦罗蒂的启发，我却从不这么认为。技巧是必经的途径，但天赋和禀性一旦与纯净的心境结合，那将是人迹罕至的境界。也看过帕瓦罗蒂的演唱，他的竞技状态太好了，尤其三大歌王同台时，那种毫不掩饰的相互比试实在让人不忍目睹。音乐，也在那高超的技艺中黯然失色。帕瓦罗蒂的高音是炫目的，却不是感人的，当他站在掌声中时他也失去了那永不会被赐予的。

　　波切利显得那么宁静、温存，没有谁具备资格去同情他的眼盲。他

在那丰富美妙的黑暗中微笑着，他平静地接受了一切，因为那一切赐予
了他另一种辉煌。

　　毕业已经多年，我也习惯了去珍惜每一个人、每一件事给我带来的
教诲和意义。即使在经历了生离死别的剧痛之后，我仍坚信邓神父说的
那句话。希望自己让坚强变得柔软，让快乐变得平静，让追求变得无形，
让生命像波切利的歌声一样，优美地滑翔上升。

————
邓神父早就不在了，但我认识了不少钢琴弹得极好
的牧师，有的还会烹饪、会唱歌，或是书法极好……
遇到良师益友是非常幸运的，人生的境界会因此而
扩张。

世界上最性感的职业

The Sexiest Profession in the World

沈从文先生说过，比文学准确的是音乐。

这种准确也许是指音乐的不确定性大于语言因准确而带来的局限性。美丽的语言给人做的常常只能是个减法。

也许，正是这样，当人们从各自不同的人生路上走到了某个富有同感的时刻，凭借的就是那种音乐带来的契合点。在这一点上，登峰造极的是爵士乐。

当生命中一切该发生的都发生了，当你的人生正处在风雨交加的寒夜，爵士就是那条温暖的干毛巾，它擦干你的泪，擦干你的血，喃喃说道："哦，亲爱的，你还有我……"它最具阅历的抚慰仿如有力而宽柔的双臂，将你拥入怀中，因为它有比你更深的忧伤，它有比你更痛的故事，它有永远纯洁而奔放的热爱，它会用它最真实的优美带你活到明日。而明日，当一缕阳光从天而降，你会发现在剧痛之后，你的生命力变得柔韧而茁壮，因为那缕阳光就已经可以成为生命继续的所有理由，单纯而有力的理由。假如，你可体会一缕阳光带来的快慰，你便有了爵士乐一般的灵魂。

爵士乐的历史是人世间喜怒哀乐的历史，是懂得生命应该充满阳光般喜悦的历史，正如早期爵士乐的那句格言："一切为了欢笑。"

当爵士乐在今时今日变成上层阶级的享受时，我们要记得，事实上它来自中下阶层，它之所以拥有如此动人的生命力，是因为它具有高贵的阶层所不具备的生命的喜悦，纯净的喜悦。黑人音乐里的解放精神是什么？就是这种喜悦！是任何屈辱、任何伤痕也不能磨灭的喜悦，在黑奴制度未被废除前这种喜悦已经使得他们的精神获得解放。没有生命的喜悦，任何高高在上的活法也是生命中愁眉不展的羁绊，充满喜悦的生命是一种高贵的存在。

在3月行将结束的夜晚，深圳本色吧的爵士乐队有最后一场爵士乐的演出。像中国许多爵士乐队一样，他们并没有乐队名字，成员是安东尼、卡纷、张柯、尔琳、素比。我向他们每个人都问过同一个问题："JAZZ是你的工作还是你的生活？"卡纷说这是个很有意思的问题。

　　他们的回答都是一样的——"是生活。""是生命的一部分。"这其实是无须求证的，否则他们怎会走到一起？他们对彼此的经历都是不甚了解，但对音乐却是十分默契。就像当晚坐在他们台下的听众，没有那些无须言说的默契是不会坐到一起的。

　　尔琳是个成熟的女人，一个被贝司手张柯称为十分专业的爵士乐歌手。张柯说尔琳可以在他们玩的时候无须任何提示，就知道自己该从哪里开始唱起，完全融入音乐调子里，而这样的爵士乐歌手他只遇见过两个。爵士乐里有个SCAT，是指人声在歌里变成了一个声器，是没有歌词的一种唱法，完全地临场即兴发挥。我们在这晚见识了尔琳SCAT。当时听众中间有两位外国音乐人，一边喝彩一边向尔琳作出五体投地的姿势。尔琳的台风有种自然淡定的风情，举手投足间散发出阳光般的明媚。她并不美丽，但她真的让人着迷——当她跟爵士乐在一起。

　　还在第一次听他们的爵士乐时，就发现爵士乐手的气质跟一般音乐人的气质是很不一样的，在台上他们将激情收敛得很好，沉静、朴素。一种有内力的沉静和耐看的朴素。都有一双修整得干净整洁的手，十分迷人。这种气质是爵士乐滋养出来的，因为爵士乐是无须包装的音乐，它是心、是灵魂流动的语言，从不重复而极具个性地呈现着，直抵演奏者及听者的心底，给人赤裸裸的美妙的精神体验，以及心灵的喜悦。爵士乐的魔力在于它是一种能表达情感和情绪的艺术，却使用了古典音乐中复杂的和弦体系以及高超的演奏技巧，每时每刻你都有可能遭遇不可重复的绝响。

卡纷和张柯，一个美国人，一个西安人。他们都来自上海，原本就是搭档。还在跟尔琳聊谈时，会讲中文的卡纷两次走过来问是否可以轮到他了。他认真得让人觉得实在可爱，像个阳光男孩。他的萨克斯吹得很棒，当晚在吹奏萨克斯之前，他特地走到我们的摄影师面前说："这个很有意思，也可以拍一拍。"张柯原是搞美术的，比卡纷要酷。他能和卡纷走到一起，是因为身上都有种纯粹的东西——都是能跟随自己心灵的人，所以选择了爵士乐。用他们的话来说："在爵士乐里找到了要找的东西。"这个东西到底是什么呢？是创造？是表达？还是身心合一的体验？

张柯说素比是个有感觉的人，这是做音乐的潜力。第一次听素比的歌时，我想女人如果经历了沧桑还能如此明艳是何其幸运，这就是尤物吧。那种沧桑感是素比的歌声里传达的，而她的面容却无沧桑的痕迹。当她走下台时，我又想：这完全还是个女孩嘛。她才 19 岁，马上要去英国开始真正的爵士乐学习。她是个毫不做作的台湾女孩，有同龄女孩所没有的张力和大气。可以肯定，这种气质是爵士乐赋予她的。因为爵士乐是一个人生境界，在经历许多之后。就像她为尔琳喝彩时说到的："喝彩是一种精神，会鼓励音乐做得更好。"她的人生里已经充满了爵士乐，这是她跟别的女孩不同之处。

——

在一篇文章里，我竟清楚记录了这么多人名……如今却不知他们在哪里。巴赫的曲子，被改成爵士的那些，很好听。巴赫，永远都在他的音乐里。

恋人如歌

Lover, Like a Song

　　有个女性朋友，建筑学硕士，是令我敬佩的人。她一生的兴趣就是将交男朋友这事一直保持在没有兴趣的态度上，为人健康幽默、机敏斯文。她的休闲生活包括音乐和朋友，当然是女性朋友，这两者可以被她妙趣横生地建筑在一起。她常常开着那辆冰川蓝的小车带着她的女性朋友去兜风，然后根据她们当天的心情和所选的路段风景来决定用什么音乐。

　　所谓当天心情无非就是体现那些女性朋友的恋爱进度和难度的晴雨表。如果旁边坐的是个充当了第三者的郁郁寡欢的女人，她会放蔡琴的歌，然后在市区穿越；要是失恋的人从西藏回来，一上她的车就会听到《翻身农奴得解放》；陪女友去机场接情人的话，老狼的《美人》

会唱得人心潮澎湃，车子也开得飞快……于是，在别人的爱情故事里她度过了千万种心情，解读别人的时候反而坚定了自己。

只有我们俩时她就开车上山，放齐豫的歌。她似乎很喜欢齐豫。我问她为什么从没放过齐秦的歌，她说哪有那么痴情的男人啊。大意是说她的女性朋友都没碰到过那样的男人，或者说齐秦的歌会让她们更加失落伤怀吧。

要什么样美丽的爱可以令一个男人那样割舍不下？要什么样的男人才会愿意将自己的一生只投放在一个女人身上？齐秦对小贤的爱不管如何分分合合都是解不开的缘。即使是齐豫也说他俩还会走到一起。这个被许多俗物破碎过的爱情因为齐秦的坚持而成为他的音乐理想里不可或缺的组成部分，而齐迷们早已熟悉了他的痛楚，习惯了他的执著。那些又孤独又纯洁的坚强也曾在他们的青春里放声呐喊过——"我是一匹来自北方的狼……"如山堆俗物的今天，只有齐秦保持了这份孤独，尽管他已年过不惑。看过他在北京的演唱会上的眼神吗？是那样沉寂落寞。

齐秦肩负了一代人的青春记忆，有谁会忘记陪伴过自己初恋和校园生活的那些歌曲呢？那些歌将柔情刻录成一场不散的筵席，前方的路上青春不再了，只有齐秦像孤独的灯塔看守人，用他的歌、用他对小贤的爱照亮我们远离了的理想和岁月，似乎，只要仍听着齐秦，我们就能美好如初。只有齐秦，"每当夕阳西沉的时候……会在这里等着你……"就像他对小贤，当外面的世界用它的精彩令人饱经沧桑后，齐秦用男人

真正的温情保护了她。他的人生跟他的歌如此地相似，他歌声里所有的
情事都让人心疼地联想到他对小贤的爱。

在北京的演唱会上，歌迷们不断要求的还是那些老而又老的歌，《外
面的世界》《大约在冬季》……要谢幕太难了，谁也不愿意跟青春说再见。
就像此刻的我，觉得写齐秦一次就已足够，因为他的老歌让人变得自怜
自爱，总是跟青春旧事纠缠不清。歌迷的爱或多或少都有点自恋，他们
爱齐秦，也因为爱自己的过去。

齐秦的《呼唤》其实是音乐质量很不错的专辑，充满了深情的包容
和心碎后的希望，有种更彻底的理想和忧伤的温暖感，但是销量却不尽
如人意。因为，爱齐秦的人都老了，他们只想怀旧，而接下去新的两代
人已经不太能欣赏齐秦的人生和音乐意境了。

歌迷从齐秦那里得到的某种永远还是无法令他逃出命里孤独的劫
数，正如《呼唤》所唱："在爱你的那天就注定了失眠，感觉被打回到起点。"
我和女友讨论要什么样的情境下才适合放齐秦的歌，她说是一个人时。
我想她不是没有齐秦的歌，也许，她的恋人就在齐秦的歌里，在许多深
藏不露的时刻。爱齐秦是因为曾经孤独曾经至情，也因为不再青春。

————

好几年都没听过这些歌了。只有纯音乐，是从少女
时期到现在未曾改变的。人生总有些阶段喜欢从他
人的故事里寻找自己的情绪，直等到真正有了自己
的故事。

在亚维侬的一个梦里

　　这是一个梦，这仿佛是一个梦。行人、太阳、墙、路以及路上的石头都是她梦里的一部分。人们很轻松地就走进她的梦里，太过匆匆地又很容易走了出来。就像 RICHO 的镜头无意中将她摄入，接着有十几秒又离开了她，但这十几秒已长得足够搜索到一条敏感而深邃的神经了，如果有的话。她重新回到了 RICHO 的镜头里，于是我看到了一段对我而言前所未见的演出。它即刻揪住了我和我全部的想象。虽然这一切发生在 2001 年 7 月法国南方普罗旺斯地区的亚维侬戏剧节里，但我的灵魂仍可以穿越空间在时间的倒流里渗入其中。

　　法国的亚维侬戏剧节是世界四大戏剧节之一，每年七月举行，历时 20 天之久。从早上八点至凌晨一点平均每天有400场戏剧表演，分"in"和"off"两部分，"in"部分由国家资助，属于名导名演名著，"off"部分是由各民间剧团自费。不过两者均需在两年前就得开始预订剧场和演出时段，方可在本年度获得演出机会。

而她，前面提及的"梦者"的表演是一种无观演关系、无镜框式剧场的环境戏剧。在录像中，细心点才会发现她的两个同伴，一个是帮她发放传单的女子，上面也许写着她的艺名、剧团名称、表演剧目；另一个是一条咖啡色的小狗，若即若离地跟着她，很容易被人流淹没。

她出现在亚维侬一段铺满石块的坡路上。红发，脸抹成墙白色，轻巧的软底舞鞋，用粉红色的布块围成参差的短裙和上装，几根纤细的绳将她缠绕得像古希腊神话中的精灵。背上背着一个像纸皮又像树皮卷成的箭袋，但并没有箭，这是服装的一部分。道具则是她脚下的每一寸路面，还有路面上出现的一切。她单薄得像一个半透明的魂灵，每种肢体语言都是即兴的，却没有一丝停顿和迟疑。

当她沿着巷道旁房檐落下的阴影边缘缓行时，才引起了多数行人的注意，也有抱着可乐瓶朝她象征性飞起一脚的顽皮少年，但还是没人可以惊醒她的梦，她始终陶醉在最佳状态中。她终于爬到了那一线阴影的尽头，幽幽地立起身体，软软地吸附在石墙上，唱出了她的第一句台词：

"啊……啊……"

十分歌剧的意味，一路上，这一句重复了几百次，悠长而清冽。七月的法国南方，温暖的阳光仿佛也在那一声"啊——"中激灵了一下。有路人驻足、拍照或摄像，但少有跟随的观者，也就是说，她的表演对于每个行人而言都是短暂的一瞬。

坡路的顶端是往昔的皇宫，她爬上陡峭的城墙下嶙峋的大石，缠绵在城堡的铁窗旁。"啊——"还是这句，不过再高了一个八度。这时路旁阿拉伯人的琴声淅淅沥沥传了过来，风扬起她的长发和裙裾，她朝天空伸出了颀长的手臂。

这幽灵般的影像，将永恒和一瞬、存在与消亡、前世和今生，梦里、梦外……所有可触及的意念都带了出来，如果你有。如不然，你可以照旧赶路，她不过也是行人之一罢了。成不成为她的观众，由你自己决定，准确地说由你生命中的某条神经来决定。而她，一意孤行。

从形体语言和唱腔来看，她是训练有素的，但她选择了这种最虚幻的方式来表演，似乎也选择了一种对戏剧最彻底的献身。她使我想起了傅聪说的话："现在做艺术最需要的其实是勇气。"我以为，这勇气不是指你敢于做什么或怎么做，这勇气是指你做了却敢于被人忽略，甚至无视。

　　不知有多少人，习惯了将梦想仅视为一个梦想，只在太阳升起之前，信誓旦旦地与之温存一番。不知有多少人，固执地一路走着，他们不知道，人类能站立，皆因躺着时做了一个梦。与梦同行——人，才真正完整。

看到这里，我莫名地想起《拾穗者》，艺术有太多表现形式，但是永恒的艺术作品里，很多只是以朴实的方式呈现绝世之才华。

有一条裙子叫天鹅湖

　　以前在广州，如果有人介绍有天分的打版师和我认识，我都喜欢将一条裙子的设计交给他，看他是否可以跟我做完同一个梦，因为那条裙子必定是为我自己设计的一个梦。我这样定义一个有天分的打版师——他是设计的一部分，他会因挑战而兴奋，不喜欢做容易的东西。就这样，我的衣柜里常常就会有些"功亏一剪"的裙子，但是它们倒是很适合偶尔出去让人惊鸿一瞥一下。而我自己知道，在某一处，它还欠那么一点点。

　　其中有条灰色的裙子，我给它取名为"天鹅湖"，因为我曾经想过要专门为《天鹅湖》设计一条裙子，当台上跳着《天鹅湖》时，一定要有条裙子可以与之相衬。所以，当我要去看《天鹅湖》时，首先想到的就是把这条裙子找出来。它是那种最干净的青灰色，裙子的左右下摆有个不小的落差，膝盖以下有3圈宽窄不一的钉边……它是全新的，一直等着再看《天鹅湖》的这天。

《天鹅湖》是我灵魂里的一杯美酒，让我懂得沉醉的滋味。《天鹅湖》也是芭蕾里最为纯正和典雅的，它的编舞是古典芭蕾的典范，而它的音乐则几乎曲曲成名……它那洁白的衣裙曾是我儿时最大的梦想，《天鹅湖》是可以令我离尘埃最远的美梦。做一只天鹅，嫁给王子，这是女人心里最圣洁的幸福吧。我想，不知有多少女人曾因为《天鹅湖》而有个芭蕾梦，有个王子的梦。

什么是理想？《天鹅湖》就是理想的发源地。只是当时的理想是做四只小天鹅中的一个，太小，还只能欣赏那最欢快的段落，也许小天鹅离当时的我最近吧。于是，最爱的就是做四只小天鹅中的一个……后来，小天鹅长大了，刚好到了个性膨胀的青春期。

黑天鹅曾经是心里喜欢的，因为所有的天鹅都是白色，而黑色，很早就对自己有股诱惑。特别喜欢黑天鹅那种来历不明的神秘感，但这个时期并不长。我几乎没怎么叛逆，就过了青春期，也许得益于当时阅读的英国文学。它们让我有不满，却没有反抗，因为我不会嫌弃青春不够新锐，反而嫌弃时代不够古老。

成年以后，真心地爱上白天鹅。也许，终于明白，个性不是虚有其表的，不会一望而知，个性只在真正需要它的时候出现才是结实的个性。需要内心有准则、需要自我管理时体现的个性，才是令人敬畏的个性。个性不是针尖或麦芒，个性是风骨……就像白天鹅，纯洁而又坚强。

　　从小时候跟爸爸去剧院看《天鹅湖》开始，家里就有全套的《天鹅湖》音乐曲目。每隔几年，就会再看一次《天鹅湖》，这已经成为生活中的一个部分。读初中时，母亲有两个同学的儿子跟着家长来做客，一个会用口哨吹整首的天鹅湖主题曲给我听，另外一个只会打乒乓球。我于是故意只对那个会吹口哨的男孩子热情，那个会打乒乓球的老实孩子长得其实很俊秀，他低低地说："我们家也有这个唱片的。"而我假装没有听到。现在他是电脑工程师，有次从温哥华回来，没头没脑地问我："你还喜欢《天鹅湖》吗？"我依然装作没有听到，因为羞愧小时候对他那莫名的冷淡。另外那个男孩子成了医生，而我，离芭蕾仍旧很远地生活着。

　　几年前最后一次看《天鹅湖》，也是俄罗斯芭蕾舞演员的演出，清楚地记得自己曾有落泪，是感怀于《天鹅湖》对爱情的定义——坚贞的爱才能破除魔咒。生活就像魔咒，只是对不同的人它出现的时机不一样，但是很少能被人破除，所以许多爱情就在生活里泯灭了。

　　最近一次看《天鹅湖》却没有在同一处落泪。当白天鹅与王子相遇的那一段舞蹈跳完时，我才发觉自己无声息地泪流满面……美，反而更加轻易地能感动我。也许，悲伤太多了，而美离我们始终很远。生活的美感始终是一个难题，因为生活太庞大了。它不仅仅只是一座房子一条路，它可能是万丈红尘里的一粒沙，在你欣赏美景时突然令你眼睛刺疼。这次我见到的白天鹅是我所见过的最好的白天鹅，优美修长的臂膀就像天鹅的翅膀一样奇异柔韧，单薄的身体有种透明的妩媚和柔软，她的精神气质是最贴近白天鹅的。

一只太美太美的白天鹅，她覆盖了我以往见过的所有天鹅，充满仙气。她与王子初次相见时的双人舞跳得如诉如泣。也许不该用这样的词来形容舞蹈，但是她颤动的翅膀在抽搐的那一刹那，是那么动人，她的气质完全就是天鹅的气质。在静美的优雅之下，是划动着的哀伤和挣扎……她的表情完全融化在舞蹈之中，你看见的就是一只天鹅，不是表演天鹅的卓然技巧。

我意识到，《天鹅湖》于我就像几年一次对灵魂的"体检"，让我清楚什么走远了，什么还在；什么少了，什么多了。现在，对《天鹅湖》的爱比任何一次都要深。天鹅坚持的不是唯一的爱情，它坚持的是自己独特的美丽。如果没有对自己的坚贞，天鹅是得不到属于天鹅的爱情的，天鹅并非因痴情而专一。

———
丑小鸭是天鹅，不是鸭，鸭是无法变成天鹅的，所有爱美的女孩都要明白并且记住。若是你在儿时看过《天鹅湖》，白天鹅的优美就会在你的一生里，不再离开。若你有一个女儿，就早早带她去看《天鹅湖》吧，使她尽早拥有美的基因。

个人印记

上天会给我
一个天使吗

Will God Give Me an Angel

穿过走廊的我的江湖

My World across Corridor

在编辑部的走廊里，我总是见到一个慌慌张张的人，有一次还看到她蹲在地上往老总的办公室里塞着几张白纸模样的东西。她苗条苍白，但从不会与我的眼睛对视，每次擦肩而过，她的目光就像在黑暗里乱扫的手电筒，不过乱中有序绝对能够准确地将我避开。听说她原来是编辑，因为速度慢被调到行政办公室去了。

我到深圳之前，报社的朋友对我说："你们的办公室会很漂亮，有一条透明的走廊。"后来，我花了很大精力记住了报社同事的名字，包括消防负责人郑钢。因为每天穿越走廊时我都会在玻璃墙壁上看到他的名字。不过我很少见到我的同事，我们每人一个格子间，除了每个星期的选题会难得碰面。我对他们的了解都来自编辑部的走廊，走廊很长，它的尽头分别是洗手间和财务室。

有一天，我在走廊里远远地看到一位方丈，穿着金色的对襟唐装，仙风道骨地走来。深圳真是宽容开放啊，报社里也能来化缘，近了才发现是老总。那个永远背着大包的小伙子是记者部的摄影记者，不管他去哪间办公室，那个沉重的摄影包就像长在他的背上一样跟进跟出。有一次，我跟他在走廊里商量出去采访的事，那个包不吵不闹地在他背上堆着，为了获得平衡他以比萨斜塔的姿势站着从容地跟我把所有事情说完。

走廊里飘荡着浓浓的男式香氛，那一定是娱乐版的主编刚刚经过。有时他十分悲观，因为小甜甜布兰妮越来越像麦当娜，所有他看好的清纯女星已经一个不剩。不久前，我突然被那束手电筒光准确地捕捉到，那个从不看我一眼的人清清楚楚地叫着我的名字，更让我受宠若惊的是她还抓住了我的胳膊："给我一张名片好吗？我想跟你约稿，我要走了。"我结结巴巴地说："啊！好，你去哪里啊？""去一个企业，做编辑。"她目光明亮地注视着我。我赶紧回到办公室拿了一张名片给她，那不就是她去给我印的吗？那是我最后一次在走廊里看见她。

一段时间之后，只有郑钢我没见过了，但是我接到了他的电话。为了迎接国庆，报社组织了各类比赛，他打电话来问我可会排球、篮球、保龄球或者乒乓球，我说我都不会。他听后失望地问："那你会什么呀？"

是啊，我到底会什么呢？毕业后我只在犹太老头 Mle 的公司坐过办公室。Mle 的样子就像如今好莱坞的常青树肖恩·康纳利，一头银发，高贵庄重。后来去工厂做设计，老板看见我们在办公室就不高兴，不是赶我们去找布料就是赶我们去看市场，整天蓬头垢面。于是我干脆流落于江湖，衣服做不好时就写文章，文章写不好时就做衣服。

我真心体会着江湖上的身不由己，祈望它跟武侠小说里江湖上的爱情一样美丽。

怀念文中的同事们，愿他们平安……如今还常和背上长着山一样摄影包的记者联系，他结婚生子了，很自豪自己是他的半个媒人。

靠海的化纤生活

一年夏天最流行的装束都是关于海洋的，它导致了白色和蓝色的铺天盖地，也使棉、麻织品大热。海洋风格，当然是要用柔软易皱的棉麻来表达。我不喜欢海，但是我欣赏海洋风格，这并不矛盾。我欣赏热爱海洋的人们，尤其是那些躺在海边晒太阳的慵懒之人。

深圳组织了一批学者、精英、建筑设计师，还有成功的房地产商人，让他们研讨如何让深圳生活变成滨海生活。不知他们研讨的结果如何，但这种讨论显然是有益的，希望不要只是产生建筑方案，尤其有王石这样的人参加，真担心公共海滩又会大片大片地消失，他太会盖房子了。如果我是这种研讨的组织者，我将谢绝商人的介入。深圳真正需要的是滨海生活的性格，这个城市太需要慵懒、多情、浪漫和随意的市民气质了。要打造滨海生活的关键不是建筑，是人们的生活态度和精神气质。深圳人的生活，就像穿着用化纤面料裁剪出来的海洋风格，不透气、不起皱、不绵软。

在深圳几年，我对于深圳海洋的印象就是——开会。报社很多次开会去小梅沙或者大梅沙的海边，而在那里开会闻到的都是宾馆地毯的气味。有一次，我想去看看小梅沙的早晨是什么样子的，却被拦住，要买票方得进入，于是掏钱买了门票才来到秋天的海边。

我站在那里，看着灰蓝的海水，内心却没有任何音乐升起。海滩上除了我空无一人，那是完全不会有任何浪漫邂逅的海滩——深圳的海滩。我敢说，如果那天我能遇见跟我一样仅仅为了看看早晨的颜色而去海边的人，那很可能就是我可以去嫁的人。我还敢肯定的是，如果深圳的海边有无数这样的人，那么深圳生活就会是滨海生活，至少会是不要门票的滨海生活。

我跟很多深圳人一样经常加班，在深夜回家的路上，我尽可能地慢点，因为我喜欢流连在深圳的夜里。枝繁叶茂的绿树，宁静整齐的街道，阵阵清风吹拂。在我住的楼房对面，是一个刚刚搬走的大型超市和停车坪，那是很多深圳人的周末去处，如今它奢侈地空置在那里，常会有情侣将车停在那里说话。我总是盼望，可以看到那车里的情侣会走出来，将车门打开，让车里的音乐飘荡出来，然后他们在车旁翩跹曼舞、情话绵绵。我的一生都在等待看到这样的浪漫，我多么希望这就是深圳人的基因。有海的地方就应该有这样的基因，每个细胞里都有音乐和舞蹈，都有生命的明媚和清爽。

深夜在看苏菲·玛索的新碟《护士娜丽》，她饰演一个母亲，在春寒料峭的季节带孩子们去海边散步，抱着胳膊平静地看着三个穿着毛衣的孩子在海水里疯玩。可以想象，这样的孩子长大以后，性格里会有不可磨灭的海洋风格，是肆意而洒脱的。深圳人会在长假之前互相询问："准备去哪里？"只要有可能他们就急不可待地要离开深圳，留下的大多是加班的人。有认识的女友，在深圳已经工作近 20 年，却仍旧单身，年年出国去度假，理想就是在深圳赚够了钱去法国定居，而且要在法国的海边……

唉，深圳的海跟深圳人似乎没有什么关系。

虽然还是很少与深圳的海打交道，但我已经再不抱怨
地爱上深圳了，也遇上了喜欢看海爬山数星星的人。

那一场超低温艳遇

The Cold Romance

　　聚会到酒足饭饱时总有人会想一些心理测验题来让大家做一做。"你最爱的食品是什么？"出题的人说这可以用来考证人的情爱观。轮到我时："哈根达斯。"毫不犹豫。"不行，要食品。""那么没有。"脑海里真的一片空白，没有任何一种食品敢跑出来站到我最爱的位子上。出题人只好收下我的答案，看来他得费神分析一个新鲜案例了。"我吃完哈根达斯是可以不吃饭的，它可算是食品。"为了安慰出题人，我补充了解释。

　　出题人怎能了解从一客冰激淋里体会到的异馥奇香！它首先改变了味蕾的环境，这是跟其他食品不同的前奏。当所有味蕾在那个急速的降温中肃然起敬时，冰激淋的甜美才会款款来临。然而它却稍纵即逝，仿佛一个虚幻的梦境缥缈闪过，只留下一片冰凉，让你急切地等待着再一次证实。于是你得一次又一次地吮吸，以最温存的方式，用柔软的舌尖在口中跟它缠绵，温暖着它，让它甜蜜地融化、流逝……如此往复。你的五脏六腑里则为它开辟出一条晶莹剔透的通道，没有血腥，没有油腻，只有冰雪中静谧的甜，只有醇厚的冷香，还有吃过之后残留心间的愉悦。唇舌在零度的饕餮之后，是微麻而透彻的冰凉，心却快乐地瘫在甜蜜之中。

能够激起内心热情的食品就是冰激淋。只要知道是去吃冰激淋，走在路上就是开心的。对它的热情，可以跟童年简单的快乐、青春纯洁的爱情相媲美。会心的朋友，都不会置疑我给出题者的答案，相信父亲听到此答案也是一副说来话长的认同表情。小时候跟爷爷奶奶住，四岁时爷爷高血压住院，父亲赶到广州每天去医院照顾爷爷。但爷爷不让父亲带我去，说医院有细菌。终于爷爷还是想见我了。要去看爷爷的路很长，是盛夏。于是，我那一路上吃了七个冰激淋，吃的速度奇快……爷爷听说后笑得眼泪都出来了，几天后竟康复出院。当时年轻的爸爸跟爷爷解释说怕我中暑，所以我要冰激淋他便给买。后来这也被爷爷当笑话讲给旁人听。听说见到爷爷时爸爸手里还拿着七个冰激淋的小纸杯，那种冰激淋叫莲花杯，用上了蜡的小纸杯装着，用一片舌状的木质小匙刮着吃……

我在饮食上的天赋异秉由此被发现，从那以后被看成是一个体质很棒的孩子，因为七个冰激淋都没能让我咳嗽拉肚子。在那之前我一碰肉食就呕吐，以为脾胃虚弱，而被爷爷小心翼翼地喂养着。爷爷认为是他给我磨制的淮山粉起了作用，我愿意相信是这样。虽然不记得的冰激淋故事是长大后听说的，但是爷爷看我吃东西时那心满意足的眼神却一生都没有变过。我能够吃，一直都是可以让他们开心的一件事，哪怕冰激淋都好。

长大离开爷爷后，又一次饕餮过八个冰激淋。那是读书时，跟师大一个中文系的才子约在一个阴凉的小商店门前，他的小说拿了一千多元的稿费，他应允我想吃什么都可以。我说那就冰激淋吧。

知道江南的午后吧，知了声声，参天的樟树下我坐在腼腆的男孩对面，毫不矜持地吃了八个蛋筒冰激淋。吃到最后，他因我的数量而豪迈起来，把手里的汽水换成了啤酒。热爱聂鲁达的他和热爱冰激淋的我说了很多话，唯独没有说过爱。很多年过去，我却相信我们曾经爱过。只要有机会相见，他总是温和地说："带你去吃冰激淋吧。"那一句话会让我少有地淘气起来，隔着冰激淋，我们依然是当年那两个青春结伴的孩子。有很多话说，没有话的时候是我在吃冰激淋，他会心地无声。

喜欢哈根达斯是听说它有一句广告语："爱她就带她去吃哈根达斯。"特别喜欢广州淘金路的那家哈根达斯，落地窗外是老街道，有大树，有凉茶铺……"叮咚"一声门铃之后是满屋的甜香，去多了，服务生都认识了，给你一个甜笑。每个品种都吃遍后，最爱就是醉酒樱桃。

　　用至爱的食品来测试情爱观，也许是准确的吧。刚刚端到面前的冰激淋都是完美的，升温之后，完美的轮廓便模糊起来。时间稍久，更是无法复原和入口的一摊浓汁了。所以，低温的爱是我喜欢的情爱，零度之中，直到最后一口都是完美的。

当年带我吃冰激淋的才子仍旧优秀，他的女儿则与我成了神交已久的忘年交，前途无量。我已经从爱吃冰激淋的女孩变成离不开热红茶的女人了。

你的城，你的脸

Your City, Your Face

　　城市名片的说法来自林徽因，她曾在 1931 年的一次演讲中说道："一个城市的建筑就是这个城市的名片。"

　　名片是个不可信的东西，我可以为自己印一张国际危机公司的名片，比 FBI 还酷，但我们显然都不会对一张名片心悦诚服。记得龙应台到深圳时曾带来很多照片，是她出任台北市文化局局长的政绩，也就是如何将一座废弃多年的"鬼屋"改造成文化沙龙等，她的《谁的城市谁的家》城市话题论坛当时是深圳读书月的活动之一。

　　她一开讲就声明，"我的演讲会跟食物有关"，要通过食物来分析城市特征，但直到她的演讲结束都还没有谈及食物，因为语速实在太慢了。"快、狠、准"的"龙卷风"，语速慢得令人生疑。当有女听众赞美她优雅温柔充满女人味时，她开心地笑得后仰："这是我今天听到的最好的话了。"

当时，我提了一个问题："昨天我采访了一个女医生，她事业有成，在深圳买了房和车，住在高档地段，但是她对我说她不知会在深圳住多久，因为她在这里常常会感到忧伤，感到发慌，您可以帮我们诊断一下深圳这个城市到底是哪里出了问题，使得这样才貌双全的女性无法把未来交给它吗？"龙应台表示因为不了解具体情况，不敢乱开诊断书。她说："是不是文化失调？如果人们生活在一个协调的城市里应该是宁静祥和、身心一致的。"

深圳的问题是什么？我无法像学者们那样去诊断，我只知道在深圳做报纸，最火的版面是情感版，永远也别愁没有选题。深圳不快乐的女人太多了。我曾经在喝咖啡时，在商场里见过流泪的女人。有一次在上班的路上，在开满木棉花的宁静的路上，看到一个年轻的女人趴在路边墙上号啕痛哭，身边站着一个沉默的男人。

如果一个女人的悲哀连包装和隐藏都不需要的话，她生活的地方应该是很粗陋的。有什么比得上女人从容的笑脸，更能代表一个城市真正的幸福指数呢？建筑和文化只是名片上的头衔。

我在深圳已经待了几年，自认为已经失去说讨厌它的资格了。从前我忧伤，是因为我思念广州；现在，我比以前更加忧伤，因为发现自己不再思念广州了。

———

这两年，越来越多地认识深圳的幸福女人，我有信心幸福会成为深圳的一张名片。

深圳离法国有多远

很怕看编辑用"优雅"二字做标题。都市报有个首席记者，写珍珠用"优雅"，写晚会也用"优雅"，我看着都忍了，大家挺要好的。结果她要我客串一个练瑜伽的被采访对象，我就是忘记嘱咐一句了，报纸出来一看——标题果然是《瑜伽使她如此优雅》，于是我终于骂了她。

我也怕听女人说她活得优雅。假如走得慢一点，穿得雅致飘逸点，上班时间可以去偷喝个下午茶就是优雅的话，那么世界上脾气最臭、走路飞快并且边走边抽烟的法国女人就不会以优雅著称了。乔伊斯曾说："法国女人杰出得如此可怕，法国绝不能没有她们。"在巴黎街头，你看到的地道的法国女人都是穿着简约的职业装，指间夹一支香烟健步如飞。她们同时还被称为世界上能够把长裤穿得最好看的女人。如果她们开车，也是最会闯红灯冲绿灯的那一个……在个性与节制、优美与不羁之间，她们有你无法捉摸的定律，骨子里的东西是没法嫁接的。

法国女人最值得欣赏的是她们的话题，法国女人是不可能上演《欲望都市》和《绝望的主妇》这样姐姐妹妹的场景，虽然她们特别懂得从容面对男人们的所有情色笑话和暗示，但却不会跟人分享自己的隐私。我喜欢那些能守口如瓶的女人。看达妮埃尔·密特朗写的回忆录，提到她的丈夫——法国前总统密特朗的私生女玛扎琳出世时，她说："我们之间的缄默不是欺骗而是启示。没有一丝一毫的平庸和庸俗。"一句话带过，字里行间竟闻不到人间烟火。什么是优雅？这便是吧。在法国，你可以谈论世界经济的走势和现状，但是房子、车子和名表却是超级白痴的话题。法国人会在晚宴上为一个电影、一本书争论得面红耳赤，但是他们绝口不提自己正在别墅挖一个游泳池的事情。如果你在一个地道的法国佬面前谈钱，你只能得到一个眼神——"那是什么东西？"

深圳人到了法国可以谈论什么呢？深圳女性的聚会很男性化，话题通常就跑到房子、车子、股票里。我身边的女友不是没有房子，而是都在买第二套房子和第二辆车。有次我去看望一个刚生了孩子的同事，我抱着那个柔软万分的新生儿站在阳台上，看着蛇口那所剩无几的海水，内心激动地盘算着自己有没有可能生个女儿，有没有可能在晚风习习的时刻同时看见海和孩子洁白的脸……结果听同事说正在搬家，我迟钝地问为何又搬，这里这么好？她们都轻蔑地沉默着。

    在深圳，我不舍得花钱买一堆每天都在贬值的钢铁，而且爱走神发呆的毛病使我拿了十年的驾照也没能独自驾驶哪怕一次。我选择租下又贵又小的单身公寓，不仅因为它离报社近，还因为电梯里总有残留的香水味，垃圾桶里总有人丢下的大束玫瑰花。每当有人说我付租金而不供楼实为不值时，我也轻蔑地沉默着。我喜欢跟又孤独又骄傲的人聚集在一栋楼里。我更喜欢口袋里总是有一叠现金，上班时只要看到毒辣的太阳就抬手招的士，把七分钟的路程减少到两分钟。买单时总是那么爽快，买书时总是那么豪气。我不喜欢为了房子和车子过得像个穷人，要知道那些有房有车的家伙从不带上足够的钱跟你去喝一杯咖啡的。

———
离得远没关系，自己去。

失去的命运

Lost Fate

　　我的星期一不是蓝色的，是红色，消防车上的那种红色。忧郁在我的生活里成了一件奢侈的事，因为没有时间。

　　从办公大楼出来，报社食堂供应夜宵的灯已经亮了。宿舍很近，疾走回去竟然没有觉得热。在组版房坐了十几个钟头以后，站立是一种很舒服的姿势。趴在窗台上看着一个月前买的时装杂志，窗台上茉莉花开三朵，闻着最爱的那股淡香，心里有什么东西悄然回来了。夜凉如水。

　　在广州生活的十年，我有记录秋天到来的习惯，它们在我的感觉里不会超出十天。对自己心爱的季节，在觉察它来临的一刻，细致地写下那种全身心的陶醉，是一种像被爱人的目光击中一样的激动。

在深夜感觉秋的来临还是第一次，而且是以一种平淡的方式去感觉。是因为离开了广州吗？老家楼下的桂花已经飘香了吧。深圳把我变成了一个白天的动物，有规律的生活和工作使我的失眠不治而愈，但也使我若有所失。还清晰地记得上一个秋天是如何来临的。那一天像往常一样是在午后起床，一边听午间新闻，一边在阳台上晒着洗净的衣服，阳光以淡金色的调子将我涂满，空气中充满了桂花和衣物柔顺剂混合而成的干燥温暖的芳香……我站了很久很久，知道秋天如约而至了。整个下午，我无所事事地着迷于秋天的气息，懒洋洋地看杂志，打电话，告诉好几个朋友——秋天来了，到阳台上去站一会儿吧。他们嘲笑我，也羡慕我。

如果茉莉花没开，如果我没有趴在窗台上看这本过期的杂志，如果我像其他星期一那样因为太累回家倒头就睡，那么我还会记得享受秋天的来临吗？

那个晚上失眠了，来深圳后的第一次失眠。在黑暗中我疲惫而又兴奋地拥住这久违了的感觉。

在广州，到底是因为失眠而习惯了晚上工作，还是因为习惯了晚上工作而失眠呢？那时已经把失眠当成命运来欣然接受了。它能让我宁静地工作，也给了我闲适的白昼，虽然我总是只有半个白天可以使用。但那半个白天是漫长细致的，可以慢腾腾地做很多自己想出来的事，可以事隔一年还记得自己曾在九月的一天，如何握住了秋天那淡金色的双手。那种命运是适合我的，是广州给予我的。

对广州的怀念让我无法入眠，对那种命运的怀念让我无法入眠。在一个不会让我失眠的城市我突然怀疑自己已经偏离了不该躲避的宿命，至少在那个宿命里我能在每一个秋天清楚地感到内心的狂热，哪怕一次。

黑暗中我不再在乎第二天将面临的大量工作。在深圳的第一个秋夜里，失眠是如此温情脉脉地让我的内心充满了去年秋天那淡金色阳光，那阳光越来越灿烂，一片金黄……

我对自己说：我要回去，回到失去的命运中。尔后我安然进入梦乡，梦见自己什么都不曾失去。

————

在广州我曾是个很闲的人，在深圳我是个敬业的人。感恩在人生的不同阶段，我享受了不同的际遇。以前不懂，以为发生过的就是失去，现在明白，那都是为此刻所做的预备。

美丽的垃圾

Beautiful Rubbish

　　每次报选题，我就在座位上感谢老天爷把我的版面调到 B 叠去了，因为 A 叠的主编是老总们的情绪试纸，尤其当他们从其他强势媒体观摩回深圳后，A 叠报上的选题几乎变成了我们的零售为何上不去的替罪羊。比如，假使老总们去的是成都，我们的选题最好报得小市民化一些，情感版的选题最好越悲苦越好。假如他们仔细看了几期《周末画报》，那你的选题还是来点全球化吧。记得那次我临时把人物特写变成了加菲猫，还来了个加黑的标题《每个人的骨子里都有一只加菲猫》，那个版得了满分，多亏了那只国际化的猫。

　　当老总们从广州回来后，显得异常激动，听说去了《南方周末》。当 A 叠的主编战战兢兢兢地报上选题后，我们看不出老总们的情绪变化，但是他们的激动明显摆在那儿。没有人挨批评，根据经验，这意味着将更加令人担忧。

《家庭冷暴力》《最值得投资的兼职——炒楼》和《网上购车的陷阱》，老总们让大家就这些话题展开热烈讨论并从中选择其一，而且要像《南方周末》的编辑们那样激烈。大家交换了一下眼神，看来都松了口气，原来只是希望我们改进一下讨论的气氛。看着大家认真讨论，我却插不上话。我没有家庭，住在租的房子里，在网上购物仅限于书籍和杂志。

我默默地发呆，想起有一次一个孩子问我住在哪里，我说："我住在猪（租）的房子里。"由于发音不准确，把不该卷舌的字念成卷舌音，让那孩子大吃一惊："你真的跟猪住在一起啊？"每每想起，就十分快乐。我是否应该养一只宠物猪呢，实现孩子那天真而充满童话的吃惊？如果我有一只粉红与灰色相间的宠物猪，那孩子会喜欢吗？走神的当儿，听到我最熟悉的名字从老总嘴里跳出来："玛亚，说说你的意见，哪个选题好？"

如果我识相点，就应该说《最值得投资的兼职——炒楼》最好，因为这是除我之外每个人都参与了热烈讨论的选题，甚至每个人都列举了发生在身边的成功案例，连美编都发言了，她说她以前的老总现在住的房子已经涨了100万。我毫无准备，于是就顺着那个案例结结巴巴地问："请问，谁负责给他这100万呢？"通常情况下，选题会上的白痴提问都由我来完成，老总也许习惯了，解释道："他要是现在把他的房子卖了才有这涨出来的 100 万。现在要你说说这几个选题哪个更好。"

我看着他们一时语塞，内心的不懂成倍地滋长。买房子是为了有个家，却要为钱把家又卖了。想想父亲在母亲去世后，硬是不肯买学校分的新楼，至今都让他人觉得惋惜。只有我知道他，他害怕妈妈想回来看看我们时却找不到路。家，是永远都在那儿的一个地方啊。

我深吸一口气，灵感突然跳脱出来："这三个选题都不好！我们为什么总是给我们的读者提供这么负面而又辛苦的选题？我们为什么不跟读者一起快乐地生活？为什么不能做《快乐的女单身》——比如我？为什么不能做《赶快来投资快乐》？也许海啸即将再次来临，而你却不曾享受过生命。我们为什么不做《那夜眠七尺的快乐所在》？租房有 N 多理由。我们为什么不能正面、简单、积极地快乐？我们为什么要过得那么复杂？"

雷鸣般的掌声没有响起，随之而来的是我熟悉的哄笑。老总宽宏大量地说："这不是做时尚。就说租房子吧，那都不是主流阶层关注的话题。""为什么不是！"我有点发倔，"您知道吗？住在我那栋楼里的人，都用香水，都是白领，都很有教养，我们丢掉的垃圾都比其他楼盘的美丽得多！既然有那么多人喜欢买楼，他们最喜欢的应该就是我们这些连垃圾都很美丽的租房一族！"

　　我当初决定租下房子的原因很简单，去看房时一起等电梯的男士让我先进了电梯，而且电梯里还飘着 Gucci 的"贵族"男士香水的淡香。虽然是所在区域最贵的单身公寓，我还没看见房间就打定主意要住下了。我常常会看见常规大小的垃圾桶旁放着一些巨型的垃圾：完好的衣柜、半旧的旅行箱、整盆的金橘盆栽、凉席、电风扇……我自己丢过的东西有：99 朵鲜艳的玫瑰、枕头、保湿液、指甲油、红色衣架、沙发，以及藏在沙发套里被遗忘的两张储蓄卡。我并未结识任何芳邻，但是每当深夜，听到长长的走廊里响起手拖箱轱辘的声音时，我就会安心地入睡，常出差的人又回来了。我们都是因为选择高质量的简单和丰富的孤独，而生活在一起的人。

　　做头版的同事认为我说的的确是好选题，可以把租房和女单身合起来做。于是选题最后变成《深圳人的幸福指数》，炒楼变成了小标题。至于老总们的激动直到选题会结束才真正揭晓，原来他们从《南方周末》学习了一套考核方法，美编要裁掉一个，因为《南方周末》只有两个，而我们有三个；好版面也不应该有那么多，我们的工资普遍太高……

　　这是我在那个周报参加的最后一次选题会。

　　完成那个星期的工作之后，发现自己再也没有灵感去做下一个版了。我所剩无几的激情刚好够写一封辞职信，除此之外，没有任何激情来写其他东西了。我在辞职信里告诉总编："如果我再继续留下来，我就是在欺骗报纸、欺骗您、欺骗我自己的心。"

除了照片和茶杯，我没有从办公室带走任何东西，留下各种瓶瓶罐罐、奶粉咖啡、红糖白糖、豹纹靠垫、风雨衣、玫瑰水喷雾……

我无法拿自己拥有的一切跟人相比，我所骄傲的唯有那些被我抛弃的美丽垃圾。

———

感慨又开心地读完此篇，那些有点魔幻的日子……
我已经有了温暖的家，从前的同事偶有见面，或在
信息里互相亲爱一下……也见过从前的老总，见面
就都开心，我始终觉得他们对我是宽容的，很感恩。

上天会给我一个天使吗

收到一条信息，在不算太深的夜里："我读海子的日记：'姐姐，今夜我在德令哈，这是雨水中一座荒凉的城。'这是海子使我臣服的原因！原来可以管自己心爱的人叫姐姐，原来雨水中荒凉的城也可以因爱而孤独凄美。"

号码似熟非熟。我看了很久，在寡淡的记忆中搜索出一道腼腆而炙热的目光和一个年轻温厚的微笑。没有回复，办公室恋情一向为我所不齿。在工作场所，我是个敬业的人，用辛苦所获去建造八小时以外的生活。但是心里知道这个男孩是不同的，他其实都没指望我的回答。那天晚上，内心十分柔软。次日在上班的电梯里突然斗志昂扬，走廊里明晃晃的灯竟然显得明媚。男孩，你在哪里？这才听说他已调离了。

　　为了做选题，我加班加点地看《欲望都市》。突然发现，里面最优雅的居然是萨曼莎，当四个女人坐到一起，她的面容和神态总是最放松的，气定神闲地看着自己的女友被男女之间复杂而愚蠢的游戏弄得一惊一乍，而她只是一个坐在那里看风景的女人，看风景里面有没有合她心意的男人。还不曾有哪部戏将一个如此男人的狠角给了一个手无寸铁的女人。

　　萨曼莎，这个角色的成功简直具有颠覆性。用点逻辑去想象，为什么才女、淑女、女强人们都愿拥有萨曼莎这样一个截然不同的死党？她们骨子里都有一个萨曼莎吗？因为萨曼莎的内心最不摇摆最不矛盾，她要的是每个女人都要的，就是那个男人将你拥入怀中的温柔姿势。萨曼莎干脆站到终点去找了。其他女人们扮淑女、装可爱，萨曼莎不想这样麻烦自己。看她的情事过程简直犹如行云流水，无数的美男子被她手到擒来。在办公室，女生们只要说起萨曼莎就直接跳到她的杰里，叹息道："他实在太漂亮了，还那么好！"在组版房，每个女生都跑过来看杰里的半裸照。

　　谁不想要杰里？杰里是女人的天使，是唯一念诗给萨曼莎听的男人，而且是光着比大卫雕像还俊美的身体当众念着深情款款的诗。灵魂和肉体都如此美好，更不远千里跑回萨曼莎身边，只为对她说："我爱你。"爱上年长于自己女人的男孩，天性中是否都有点像天使？最欣赏杰里缠绵不舍时萨曼莎的漫不经心和不耐烦："留着到戏里去说吧。"因为在平常情况下刚好是相反的。萨曼莎，在一个貌美而温存的男孩那里终于得到了救赎。

当女人的美与情爱因为成熟而变得深厚时，是否只有男孩的纯粹才配得上？成熟男人都过于权衡，过于计较，那因岁月蹉跎了的生命里也藏有太多一触即发的痛处。当他们变得容易受伤时，他们也容易伤害女人，就像凯瑞的比格一样，虽然拥有内涵和气质，却已带不出生命精彩的原色了。

女人都应该保持自己身心的美丽，不论爱情如何坎坷，只要被一个年轻温暖的怀抱拥入怀中，他那比真心还真的心，一定会让生命完好如初吧。

我回信息："昨夜，荒凉的城里很温柔。"

上天会给我一个天使吗？

———

如果你相信有天使，就真的会遇见天使，我真的拥有了天使。为了未来的幸福，要更多地相信美好！

欣喜若狂的厌倦

Tired from Extreme Happiness

发烧的时候，常做梦，梦见自己做了很多版面。想起有一次为了写影评，用快速键看了一大沓连续剧，第二天稿子交到编辑手上时我老实相告："我都不知道我写了些啥。"另外一名同事可新背对着我说："你这个感觉就对了。"以为他在安慰我或是幽默一下，如今才恍然这句话的深刻含义。其实，当那篇影评赫然出现在那一期的评报栏里并且得到表扬时，我就应该顿悟的，但显然我的悟性不够。

报社有句名言："差版都是精心策划出来的。"听懂了的人就不会再做出差版，一知半解的人会在得了低分后将它领悟一番改进一番。只有菜鸟，才会把它当成耳边风，无视上层的偏好，精心制作一个又一个差版。每当菜鸟挫折得快要醒悟时，就总会冒出一个什么感动万分的读者来，把他激动得晕头转向，一条道走到黑。要不是发了两个星期烧，我还不知道自己就是那只菜鸟。难怪人说孩子发烧是在长，我看我是活到老烧到老。

我躺在医院打吊针，想着谁在替我签到、谁正在因为我没去开选题会而扣我的工资、谁在点评我做的话题……突然内心升腾起一股强烈的厌倦，这陌生的感觉吓了我一跳，这一定是幻觉！我压抑着欣喜，这种欣喜的感觉就像你终于可以在某个清晨醒来之后，发现你突然不再思念那个几乎将你毁灭了的人一样，终于明白那个魂牵梦萦的名字其实死不足惜，这时你几乎要为你的厌倦欣喜若狂。

一定是烧糊涂了，我很不习惯这种欣喜，我需要把厌倦这事搞清楚。

曾经参与过一次集体厌倦，在北京去看潘石屹的太太领奖，媒体的女同行们都不约而同地拿着饮料坐到楼上看进口杂志去了。这时陈鲁豫仪态万方地走了上来，大家抬抬头，又埋头看杂志，没有人上去把握这个绝佳的采访机会。鲁豫逛了一圈，失落地回到楼下去了，她显然不记得这些看杂志的人都是采访过她的。我们厌倦了，因为我们要问的问题并不是我们要问的，而是我们的版面需要问的，我们以版面的名义爱过她了。我还记得当时上司批评我写得太少，只好把鲁豫的照片拉得很大，丝毫不理会我采访时手机都被偷了。

有一次跟老友雨去书店，畅销书架上摆着张爱玲的《同学少年都不贱》，我碰都没碰就走开了。女友说："你怎么不看张爱玲了啊？"我冷冷地说："我厌烦她。"她大笑："其实我也烦了。"结果我们都没买，虽然照常规我们至少会买一本，说好等老了把两人的书拿出来开个小图书馆。但是那一刻厌倦出现。

看来厌倦这东西不褒不贬，没有鲁豫，没有张爱玲，我的生活都不会有任何变化。真可怕，如果你厌倦了，那么表示你在某件事情上终于毕业了。可惜的是厌倦并不是一个动词，所以我还是不知如何处置它和我的工作的关系。也许，我厌倦的不是版面，我厌倦的是我对于精心制作差版的热情。

我在媒体时是个众所周知的工作狂，唯一不同，是个每天打扮得很漂亮的工作狂。那时我对版面有很多过于理想、过于浪漫、过于唯美的想法，现在我仍旧如此，也许哪一天我真的会实现对于文字和图片那份完美的激情。只要相信！

虚度光阴是如此幸福

　　在春天的周末，原本可以跟随广州的一个服装品牌去汕尾参加服装发布会，还可以在海边住一晚，但因为有杂志约稿已经到了截稿日，于是对自己说，你又不喜欢海，还是坐在家里写稿子吧，再说汕尾又不是没去过。当把稿子E-mail出去之后，我的脑子里突然刮过一阵汕尾的海风。一个已经成为朋友的老读者发来信息说："正躺在小梅沙的海滩上读着你的新书，而蓝天化作霓裳披满一身……谢谢你。"似乎每个人都在春天的周末去了海边，只有我还留在家里，无聊地写着章子怡出席奥斯卡的着装。

　　我得承认，有两样美好的事物是我不喜欢的，一是春天，另一样是海洋。春天给我的记忆总是显得很紧迫，需要制定许多计划去填充，比如高中毕业前，老师每天都在念叨倒计时——离高考只有 134 天了，把我的青春刻录成永远的噩梦。而海洋太孤绝，可能曾经在海边生活得太孤单，所以再也喜欢不起来。它蓝也好绿也罢，在我眼里都是绝望的颜色，还是看着一池湖水久久发呆比较真切。对于这两样事物，我会像选择失忆一样去封存它们，既不留恋青春也不向往与海有关的一切，如无敌海景豪宅或者马尔代夫。当我决定把周末剩下的时光全部虚度掉时，却一筹莫展，因为我既不想去海边也不想欣赏春天。

我选择了洗衣服和看杂志，分门别类地洗，漫无目的地看，直到天色将晚，屋里飘满了衣物消毒水的气味。然后将旧碟翻出来，先看了一段《我的野蛮女友》的经典片段，可是并没有按预期笑出来。把《英国病人》找出来，一边听着影片的音响，一边对照小说原著中的描述。我仰躺在沙发上，把喜欢的段落背诵到一字不差才作罢。在许多独行的时刻，我都会在心里播放这些文字。

"那一夜，我爱上了一个声音，我再也不想听到别的声音了……几个月后，我们在开罗，她和我跳华尔兹。尽管有些微醺，她的脸上依然带着那副不可征服的神情。直到现在我仍相信，最能呈现她自己的容颜，就是她那时的容颜。当时我们都醉了，还不是情人。"为什么高考不考如此美丽的小说呢？我幻想着迈克尔·翁达杰总有一天会获得诺贝尔文学奖，还替他设计了获诺贝尔奖时的答谢辞："感谢世间所有真挚的爱情……"

《事先张扬的求爱事件》也被我翻了出来，看到聂鲁达对想当诗人的邮差先生说："其实当邮差更实在，到处走走，又不会发胖，我们诗人都是胖子。"忍不住哈哈大笑起来，很奇怪以前看影片时，为何竟然不记得有这一句。

在周末剩下的那一天里，我用半天时间睡觉，再花半天时间去寻找一幅门帘和钉门帘所需的漂亮图钉。回家将宁波年糕和袖珍菇放到味噌汤里煮，并对自己的烹饪灵感狠狠地自恋了一番。打开一张旧碟，躺在沙发上望着白净的天花板，认真想着要如何在虚度自己未来光阴的同时，拥有一个中年妇女苗条动人的身段。

———

这种虚度光阴的日子实在少而又少。再读此文，勾起我的心事，到底是谁借了我的小说《英伦情人》呢？当年第一版，台湾诚品书店买的。

要五斗米也要不折腰

手指在离键盘一厘米的地方停住，良久不知自己在等什么。背痛，心里的句子不晓得要从哪个字开始敲才好。很希望可以平躺下来，可以舒缓一下这种凝滞。好多次，我祈祷办公室里能够有张长沙发，难看点都行。我朝窗外看去，希望空中花园里的泳池终于灌满了清水，也许每天游泳半个小时，腰背的酸痛可以得到根治。美编同事去按摩颈椎，按摩师一下手就说："你是报社的吧。"看来报社出来的人的脖子都是一样的手感。早就有报道说，光荣的媒体从业人员平均寿命是 46 岁，听起来浪漫而又壮烈。罗伯特·卡帕英俊佻巧的脸在我的心里一闪而过，当然，还有一声地雷的轰鸣。

如果可以给我换张大而舒服的办公椅子，

偶尔可以躺在上面休息一下，自己活到86岁应该没什么问题。如果可以，最好办公楼有茶水间，有橙黄色的灯光、宽大的长条桌和洁白的陶瓷茶具，红茶、绿茶、新鲜的开水任君挑选，最好还配有按摩理疗师。丹麦的女性可以把自己的幼子带到办公室上班，严谨的韩国某公司竟然出现每周一天可以穿睡衣上班的规定。从Adobe公司大中华区前总裁口中了解到他们总部极其有趣的办公环境，办公楼里的每处台阶旁都有轮椅滑道，因为公司最天才的软件设计师是坐在轮椅上上班的，公司也有穿裙子来上班的男士，当然他也是个天才……看来，我的办公环境不如意，跟我不是天才有直接关系。

"工作着是美丽的。"这句话是十年前白领女性挂在嘴边的名言，但是工作十年之后的女性不知是否依旧美丽，不知是否仍然喜欢这句话。设计现代办公环境，其实就是设计在职场的心情，关注与人日常工作相关的规律和细节，让人更好、更有效率地工作。

在这点上，我遇见做得最好的人就是我们楼层以前的清洁员，她常常从被丢弃的鲜花中抽出仍然鲜艳的几朵，插在空汽水瓶里，置于洗手间的镜子前，使洗手间显得特别有情调，在镜子前面的片刻时光也随着鲜花的更换而常新。熟悉以后，她还为我做了一个水养盆栽，也是利用超大的可乐瓶子，割去一半之后再插上大片绿叶的阴生植物。真是有悟性和慧根的女孩，可惜她如今因乳房有疾不告而别。

人在仰躺着的时候思维是最鲜活和放松的，每当我的手指在离键盘一厘米的地方停住时，就渴望有一张沙发从天而降，能让我在上面舒缓一下思路和神经。坐在办公室是为了工作，不是为了坐在那里幻想沙发的到来。

———

现在办公室有一张白色的美人榻，工作室很美，到处都是沙发，竟然有散步的路人问："你们是卖沙发的吗？"还有设施齐全的小厨房，可以泡制各样的香浓红茶……我拥有的超出当时想要的，感谢上帝，听到了我的祷告！

我呀我呀我呀我，
找到一个好朋友

Looking for a Good Friend

　　站在傍晚的台风里，风狂雨斜，我跟远道
而来的女友吃完晚餐后不舍得分开，却没有了
去处，最后决定去本色吧听爵士乐。曾经采访
过那里的一个爵士乐队，欣赏了他们的最后一
场演出。想着它的西餐区域里摆放的三角钢琴
和架子鼓，虽有一年时间没有去过，不过知道
那里的老板有爵士情结，所以去碰碰运气。

　　西餐区很寥落，我们选了靠近演出台的餐
位，以前这些位子即使空着也是被预定订了的，
去过几次后就会发现来听爵士的都是些熟面
孔。菲律宾歌手尔琳是我见过的最好的爵士歌
手，面带沧桑的她只要往麦克风前一站，一开
口唱，就散发出迷人的气息。她是那种可以用
自己的生命来歌唱的人，如果那天她遇到过一

缕阳光的感动，你就一定能在她的歌声里见到那缕阳光。现在的演出台上，没有了贝司，没有了鼓手，也没有了尔琳。我坐在那里，看着那个头戴一顶小了一号渔夫帽的钢琴师和懒洋洋的女歌手，满怀惆怅。我怀念那个人人都视爵士为生命一部分的乐队，怀念那些充满爵士乐的夜晚，那些音乐曾经使我感到活在同类中的不孤独。

每首歌结束之后，我还是为懒洋洋的女歌手鼓掌。女友是从德国回来的长笛硕士，她有资格不鼓掌，我鼓掌只是希望歌手听到掌声可以唱好，至少不要总是看她的手表。我渴望听到一首真正的爵士，也许真正渴望的是那种物以类聚的气息。

有最爱的朋友，有听爵士乐的所在，有跟朋友恒久不变的聚会的老地方，这是我迷恋一个城市最简单的标准。每次回广州，都会发送信息给我的女友们："上车了，老地方见。"下车直奔那里，在那个靠窗的位置上，女友们温情脉脉地笑迎着我，圆桌上已经点好了甜蜜的蛋糕，奶茶不烫不凉，入口味道刚好。等到碟空了，药丸子幽幽地说："我喜欢看你吃甜品。"窗外的后院，总是有郁郁葱葱的矮树。

我采访过一位年轻的女教授，她说自己在深圳始终没有朋友圈，有时她甚至能从别人的眼神里读到一句话："我不需要你。"我想，这比从别人嘴里无一例外地听到"也许我们可以合作"这样的句子来得更实在。因为职业关系，这是我听到最多的话，每当遭遇这句话，内心的空洞就越发幽深，不管那是多么杰出的人说出来的。

　　深圳有我 20 年交情的老同学刺猬，母亲去世后，我们一直共享着一个妈妈，这足以使她从不抱怨我自从来了深圳就很少跟她"煲粥"。中秋时她开车接我去家里吃饭，路上问我："下周的选题要做什么？""别跟我谈工作，我好累。"她笑嘻嘻地说："那就谈谈你的生活吧。""我的生活就是工作。"我不知道是不是深圳使我变得如此，对所有的悲喜都学会了守口如瓶，再也不会在深夜里拨通一个烂熟于心的号码漫无边际地无病呻吟。

　　———

　　重读此文的前一夜，我很心疼地接到一个女孩子的电话，里面没有话语，只有哭泣声，她并不是深圳人……哪里都有伤心事，很幸运，她在深夜能够想起的电话是在深圳，很感动，接电话的人是我。

正在消失的发现

Disappearing Discovery

在一个周末去华侨城，伤心地发现又有两个小店消失了。一个是花店，本来在沃尔玛超市旁边，采取欧式的经营方法，花都是从昆明拍卖市场上来的，很多品种在别的花店见不到，包扎花束的方式更是从国外接受培训学回来的，一切都那么尽善尽美。为什么去超市买菜的人不能走到对面去买几枝花呢？家里有鲜花的身影是多么清新曼妙的事呀。另外消失的小店是卖手工皮具的，在林荫道上，店主是山东人，原本是学美术的，特别喜欢手工的感觉。店里卖的皮具款式都很有型，常常有模特和设计师光临。

将近一年的时间，我负责时尚版面，需要在深圳市内搜寻有个性的时尚小店。每个星期，我得坐进全报社最破的车里，享受摄影记者小田的绅士礼遇和搜寻小店的辛苦以及惊喜。搜店的过程也很是名副其实，完全凭嗅觉将车随便开，真正被吸引了才停车。搜寻的小店包括瓷器店、音乐书店、家饰店、咖啡店、旗袍店……以致后来只要有人说起哪儿有特色的小店，我几乎全都去过。

那些正在消失的大多是特别有内涵和内心有坚持的店铺，也许对大多数人来说，适合梦想生存的地方也就只有内心了吧。很多人心里都有那么一个梦想，开个略有名气的小店，售卖一些独特而又受欢迎的东西，过简单舒心的自由日子。因为自己就有这样的梦想，所以搜店采访时都会问店主开店的缘由，喜欢听店主讲述他们因为那么一点点感性的触动而开始了自己的事业。

我曾因一个经典的求婚场景，总梦想开个英式下午茶店——在阴雨绵绵的下午，在红茶飘香的时刻，体面的绅士走进来，手握一束粉色的石竹花，开口说道："伊丽莎白，请你嫁给我好吗？"这样的情景，让我觉得下午茶是会带来幸福的茶。最希望的是下午茶店就在自家楼下，曾来喝过茶的客人，哪怕打烊了，只要朝楼上的窗口喊一声，"伊丽莎白"就会跑下来煮茶。然后那么永远地生活下去，许多百年老店也就是这么来的吧。

深圳人都说在这座城市，如果几个月不跟一个朋友联系，就会从此失去消息。我不知道我写过的小店如今还剩几家，只希望那些可爱的店主不会因为小店的消失，而改变他们当初匠心独具的心意。依然记得当初决定写那个美丽的花店，并不是因为店主把要卖出去的鲜花包扎得很优美，而是她把凋零的花儿用干净的玻璃碗装了起来。她是一个真正爱花惜花之人。虽然店不在了，但愿她仍是最懂花的人。

———

我所幻想的下午茶，已经在我自己的工作室实现了……美好绝不会消失，我们需要的是永远有梦想！

愚人节的极乐

Cloud Nine in April Fool's Day

走过萝的桌前，她抬头："还有什么要交代的吗？"

我一时语塞，这个有点倔强的女孩正安静地等我回答，心突然柔软。在一个版面做下来，我们还没有分开过。现在要离开两天，一直在办公室里来回走的我，总觉得仍然有事没办妥。

几个女孩靠过来再坐到一起，将版序重新调整，把王小波的专集放到人物版的后面，因为那里有李银河；要跟书一起拍照的菊花品种都重新商量了。终于确信没有漏洞了，我说："等我回来。"然后回去收拾行李。

刚进关，信息来了。萝说："我们被告知

下星期你要接管情感版。王总要你赶紧回来商量定位。"我站在原地不动，回复："我已经进关。请转告，我不接受此决定。"继续往里走。信息再来："王总说没得商量，他叫我们现在就开始准备，叫你回来。"我停住，站着，听见广播里面的登机通知，一些记忆迅速涌来，突然轻松。"既然没得商量，请代为辞职。我不回来了。"在关手机之前给萝电话，想交代我何时会将最后的文章发送给她，其实什么都做好了。她却抢先说："你冷静一点，今天是愚人节呀。我们没想到效果会这么好……"原来，只是在过节，她们快乐着。那年的这一天张国荣走了，报社专栏让我即刻更换主题时，却以为在开玩笑。没有一个愚人节我成功辨别过真假。

坐到位子上，关机。

喜欢独自旅行。喜欢待在成天不用说话的人群里。喜欢总在路上，耳畔只有长笛和竖琴。任何一次独自旅途中都有我最喜欢的感觉——如释重负，在远离起点和终点之间才有的如释重负。

下了飞机，在漆黑寒凉的江南郊外路上，心情越来越紧迫。我来了，我来了，我来了……妈妈……等我啊。每次回来扫墓，以前那种狂奔在路上时的紧迫感都会将我淹没，就像整个成长的过程，都是在一种害怕失去母亲的恐惧里度过，她那虚弱的心脏是我和父亲两个人的。无数次在学校和医院的夜路上狂奔，有白天，也有黑夜。心里一遍一遍哀求：等着我啊，妈妈，不要啊，妈妈。病重，病危，每年都在重复，频率越来越高。直到一天黄昏，我的心脏在同样的狂奔里带着一丝莫名的绞痛赶到病床前，母亲知道我来到，终于走了。医生要例行最后一次抢救时，被父亲拦住："让她走得安静些吧。"母亲有交代，不要抢救，如果她要走了，我们要放手。

那一年，一直逼近的恐惧终于来临，当它来临之后我们的悲哀也安静了，因为终于知道它有多重。我和父亲，那一年都生出白发。但从那时开始，生命里便不再有什么东西可以让人恐惧。生离死别之后，生命于人已不再一样。一切都是得到，不再有失去。放手，于悲哀的人是极乐。

父亲在江南的微雨里接到我。为了母亲，他一直守在异乡。墓碑上，他的名字也已经镂刻在母亲的名字旁，那两个不同颜色的名字让两个相爱的人又厮守在一起，那是我永远的家了。挽进父亲的臂弯，我们朝家的方向走去。

———
即使在最工作狂的当年，清明也是我绝不妥协的请假日。失母的哀痛，已被医治，父亲也和我们生活在一起。但是总有许多遗憾，就是没能为母亲做得更好的事。未变的是，我仍会在愚人节成就别人的成就感……

后天到来前

等待电脑恢复正常时的惶惑就像新年倒计时一样，不知道前面会是什么，但我祈祷着，我害怕一切不幸是因为没有祈祷的缘故。我也不知道祈祷能不能兑现，不知道荧屏上的一片黑暗是否能够豁然明亮起来……我不知道。

夹着一本通红的新挂历朝自己住的楼门走去。深圳在新年将要到来的最后两天冷了起来，用冬天真正的模样摆出了时间那副冷酷的面孔。门卫给我的微笑和问候跟平时一模一样："来了呀。"就在那一恍惚间，我听见春夏秋冬"唰"的一声从我耳畔锋利地擦过。一年的时间，就像腋下那本日历一样轻巧地过去了。

几乎每一个夜晚，我都是这样回到自己的

门楼前，将手伸进挎包里大海捞针般将门禁卡找出来，然后按亮最里面的那部电梯，回到宿舍。每一个动作，包括不合理的，都从没有改变过。我会在到家后抽一根烟，让窗外的风将烟雾吹得满屋都是，似乎曾经有人来过这里。父亲来的时候除外，因为他不希望我的更年期提前到来，不希望我抽烟。

旧的年历还停留在八月那张，那还是父亲来的时间，在他走之后再也没有翻动过年历。我一张一张地将旧的挂历撕下来，然后将新的年历挂在老地方。手捏着已经化成几张薄薄的纸片的那几个月，一时不知该往哪儿搁。对我来说，一年只不过是一个星期的时间罢了。

没有过周日，每个星期日我都会出现在办公室，将周一的文字输入到系统里，处理将要用的图片。周二签完版时常常已经是周三的凌晨。我会在周三睡到午后才起床，然后赶去打下午的卡，因为上午报社给了半天休息时间，打卡是为了让组员能够补休周日的加班时间。会在周三下午准备周四编务会议上要报的选题，周五开始操作下周的版面，周六安安静静地写版面需要的文字。于是一周就过去了。

当然也有过长假，而长假的不同之处就是从办公室的电脑前换到了父亲家的电脑前。我会为找到大量图片而上瘾，如果我不坐到电脑前仿佛就会失去什么似的。当然我也为自己做过一件奢侈的事情，安德烈亚·波切利来北京演出时，让北京的表弟给我订了票，却因为报纸改版而不能前往，表弟将3600元的票以2000元的价格退掉了。我不知道是应该为自己庆幸还是悲哀，当被通知回报社加班时，既有从北京不断发送来的关于波切利的信息，也有报社下达的关于撤销另一位主编职务的通告。版面的神圣剥夺了我工作之外的一切，也包括我原本无法承受的忧伤心事。

天黑了，办公室常常只剩下我一个人。在一年中的最后两天，我坐在那儿发着呆，不知道自己可以干什么。元旦广告多，我的周末版面被临时取消了。当一年行将结束的时候，我该如何度过？

祈祷总算见效了，电脑"哗"地亮了起来。常常跟美编说，电脑是有灵魂的，特别是在你用久之后。美编说，是啊是啊，每当我叫它"大爷"时，它就在要死机的时候突然又好了，否则就真的死给你看。也许，我的电脑突然想到，如果它不能恢复，就只能在下一年见到我了，它已经习惯了有我。

———

拿烟的编辑，最文艺腔。在那些只有工作的日子，我常被美编小熊邀到天台上去抽一根烟，虽然一直没学会真正"吸"烟，但我拿烟的pose是很好看的，当时为了这些好看的pose我买了许多巧克力烟和CAPRI薄荷烟，现在，不摆这pose了。

残废的鼻子又遇桂花香

Disabled Nose Smells the May Flower

　　我一进编辑部就闻到一股麻油鸡的香味，"谁呀，天天吃麻油鸡。"绯闻版的探出头来："怎么我一喝雀巢咖啡你就说有人吃鸡。"80年代出生的娱记也凑过来抱怨："我一喝参茶她就说谁在吃泡菜。"我到她们桌前看了个究竟，哀伤地发现，我的身体机能发生了变异。我的嗅觉从小以灵敏著称，但自从帮消费版做了一个通版的香水专题后，我的鼻子就残废了。因为做完那个版我就带着编辑部的女编辑去买了一次香水，给每个人都挑选了一款。第二天天秤座的美编告诉我："你可真神，我们天秤座还就是要用你给挑的那个牌子，我刚在网上查了。"早知道网上有嗅觉可查，何苦牺牲我的特异功能啊。一想到马上要进排版房，我连盲肠都开始隐隐作痛起来。

　　不知道为什么，一到排版的日子我就发现自己浑身是病。盲肠会隐隐作痛，脊椎像是受过重创，神经质……一听到有人喊我的名字，我的第一反应就是——又要多少字啊？当然，这一天我的名字会被他们拉长了叫，然后很温柔地说："只要800字就行了。""差不多1500就行。"最过分的一次是消费版的："我要5000字才够噢。"等我给了她4500，她告诉我："上了一个广告，要'砍'成3000。"一时群情激愤，所有的人都来围攻我——"你看看吧，就帮我们写那么一点还得求着你。你对她么好活该吧。"我气得哈哈大笑，排版的这两天真的是痛苦并快乐着。我想总有一天，我的盲肠非得葬在报社的后花园不可，到那时我非逼着她们每个星期去献花凭吊不可，她们居然应承下来。

　　"想'象'要单人旁吗？""极致是哪个'致'？""钟爱是衷心的'衷'还是闹钟的'钟'？"这些问题我们已经听到过成千上万遍了，几乎是组版房的每星期必问，但是敢回答的人却越来越少，想必跟我一样越听越混淆。我坐在那里，想着这是我做的最后一个版，不禁心头一热，于是便答道："闹钟的'钟'。"接着又心虚地补充："那也不一定。"

　　我来这个时尚媒体做编辑之前，朋友们都觉得这是最适合我的工作，说我的生活方式就像他们的定位。应该说工作是辛苦却有意思的，但还是决定离开。原因之一就是当我把它的定位做到位时，我自己的生活却遭到了破坏。但最终促使我离开的却是一个普通的细节。

　　那天早上我在扫描机旁等着把一张照片扫完，桌上堆满了杂志，一

如往日。我顺手拿起一本，封面是凯特·摩丝那张没有年龄的脸和没有
年龄的身材，穿着一件没有细节没有色彩的 CK 呢子大衣。我翻开内页，
里面有岁末必选的红色系列，有各式的靴子，有些许的皮草，然后是粗
细不等的毛衣，有几何图案的衬衣，此外还有瑜伽，有晚装，简直跟我
入冬以来做过的选题如出一辙。我的内心甚至有些得意，这几个月我根
本没时间看杂志，但是却能把选题做得跟国际一流的时尚杂志一样。这
时我的照片扫描好了，我结束了匆匆浏览将它合上，就在这一刹那，我
无意地看到那竟然是八年前 12 月份的一本杂志。那一刻的心情应该用
什么词来形容，我此刻都未能表述。

　　我没有即刻回组版房，我发了好一阵呆，我突然觉得自己呕心沥血
做的一切毫无意义，时尚本身只是一次又一次地重复，而我却因为想要
制造它而失去了生活中原本的缓慢和柔情。我有多久没看电影了？我有
多久没津津有味地吃过一客冰激淋了？从前还在去吃冰激淋的路上我就
已经开始满心欢喜了。而自从做时尚版开始我就没有过周末，我心里想
的都是星期一我要拿什么到组版房去组版？我的图片处理好了没有？我
的周末都是在键盘上度过的。

　　我真的就是在这个上午决定离开的，因为也是在这个上午，新来的
老总把我叫去他办公室，告诉我他希望由我来主持时尚版今后的工作。
他说："你留下，走到哪里都是一个主编，你去别处，到哪都还是一个兵。"
他的话促成了我的离开。这个上午，我好像一下子决定了许多事，也明
白了许多事。那本八年前的杂志之所以可以让我以为是近来的新刊物，

也许就因为那个多年如一日的凯特·摩丝以及她身上始终不变的简洁吧。面对简单的经典，时间是静止的。

从编辑部走出来，暮色是南方少见的苍茫。我要天秤座的美编跟我一起穿过报社的后花园从侧门出去，在乱哄哄的组版房我发现我越来越喜欢这些把我的鼻子弄残废的同事了。我告诉她，怎么走可以遇到冬日桂花的冷香，还可以看到三个比树还绿的浇花用的水龙头，我说："这个油漆工一定是个有慧根的人。"美编说："你每天这么走着上班？"我幸福地点点头。多亏了这个后花园，每天从这里穿过使我忘了自己是去上班也忘了刚刚才下班。这时，一阵桂花的冷香从萧瑟的晚风里飘来，我感到我又重新得到了生活。

我看到自己在寻找一种"意义"，当时并不懂得自己到底要什么，只是觉得有什么不对……我想，在哪里工作其实不是最重要的，最重要的是到底要成为一个怎样的人，也就是说，除去名片上所有的头衔，还能清楚地描述自己，并知道自己所做的有意义。

在 路 上

无法抵达
的离开

Unreachable Destination

此生我们挥过一次手

　　从雅江往理塘，我们翻过了海拔 4659 米的剪子弯山和海拔 4718 米的卡子拉山。山上除了牦牛，还有马和猪。长着黑色长毛的猪，在它们的主人出现之前，还是温顺的野生动物。为了早日见到主人，它们努力觅食，越爬越高。

　　理塘到稻城之间的路途是最乏味的一段，没有绿色，晃眼的日光下时不时有一小片灰白色的积雪，粗糙颠簸的碎石路面无法令车里的音响正常播放，只好关了音乐。路真的就只是路了，不再是风景。声音也只剩下路的声音，跋涉出一种恍恍惚惚的焦虑。我们感觉到了高度，但这高度漫长得丝毫没有降下去的意思。看不到山了，因为所有的山峰都连在一起将地面拔高，我们正走在上面。天空之下是枯石，枯石之上是天空。高原反应并未因药物而完全消失，我很希望自己能睡着；然后醒来时便已到了目的地，至少要可以看到绿色。我闭上双眼，想想自己就是这样习惯了用回避代替忍受。合上眼之前看了一下手机，仍然没信号。

车子突然刹住，车里有人说："俩老外。"从后视镜里窥视，看到两个异国男子和他们的自行车，其中一辆倒在地上了。我开了窗。

"What's the matter？"大声地问。

"没有问题。"穿黑 T 恤的男子回答道。居然是中文。胳膊在头顶挥摆。

"Are you sure？"再问。

"Yes sure."还是那个男子回答。旁边身穿红 T 恤的人在干什么呢？

"OK，Good lucky. Bye!"挥了一下手。

车继续前行。关上车窗，感觉好虚幻，多久没有遇见车或人了，几秒钟之内却又刚刚跟两个人挥手告别。似乎是不舍，又希望再次得到确认，天地之间，我们是彼此唯一的风景。停了车，倒回去，都下了车，他们微笑着，我们也是。

"Hi."

"Hi."

黑 T 恤是法国人，叫克瑞格，瘦削文雅，鼻孔上的皮肤被阳光晒得脱落了。红 T 恤叫 Kan，加拿大人，正在换凉鞋，大个儿，孩子气地笑着。我询问可否拍下他们，克瑞格认真地说："一元一张。"我站在他们中间合照时，能察觉到 Kan 那孩子气的笑容。我说我会去蒙特利尔，那是个讲法语的双语城市。Kan 告诉我他所居住的城市名，我没听清，也没再问。Kan，这一生我们只会相遇一次，然后在这高原之上与你孩子气的微笑永别。我拿了两条巧克力和芝士饼干给克瑞格，他很自尊地问"多少钱"，我说"两元"。他笑了，我刚好拍了两张照片。

这一路上，我跟多少辆车擦肩而过，我朝多少张脸微笑挥手过，我就跟多少人永别过。

遇见 Kan 和克瑞格之后，一路上已经不那么令人难受了。他们从高原上走下去需要几天还是几个星期，无法计算。无论是法国还是加拿大，都有比这片高原美丽的地方，他们为了什么？想着他们，稻城就到了。

终于，又出现了哗哗作响的流水和绿色的农田，到亚丁时，我欣喜地感到自己马上就要看到人间仙境般的香格里拉了。沿着盘山路走到一块写着"香格里拉叶儿红"的小石碑前，下了车拍照，天边只剩下最后几抹彩色了。但是这里天黑的速度很慢，我们并不着急是因为不知到底还有多少路。

山越来越深，也越来越高了，拐不完的弯和总在上升的高度。天就要全黑了。车里弥漫着焦虑，再次感到没有着落。又拐过一道弯，突然在所有的山峰之外，在所有的高度之上，几座被冰雪覆盖的山巅闪着银白色的光，"唰"地一下出现在我们视野里，其中靠左边的那座带着最后一丝余晖，呈淡金色，像金字塔一般。看着被银白、淡金缠绕的香格里拉雪山，连忙要求停车拍照。我深信只会有一次机会让我看到这样光线下的雪山。

下车，几步走到悬崖旁，风并不狂躁，但立刻穿透我的身体，带着一种恐怖的冰凉刹那间就把我锁定在悬崖旁，不能进退。雪山，不再是几秒之前透过车窗看到的如画似的娟秀，它如幻如真，威吓似地矗立在眼前，仿佛伸手可及，但又永不可及。悬崖旁的树是浓重的黑色，泛着一些极微弱的绿，在山风里晃动。万丈深渊在风声里吸引着我，要把我吸进去，仿佛只有用生命才能换取香格里拉雪山的美。

我站在从未有过的恐惧和一种浩瀚的虚无强加于我的生死抉择里，举不起相机。听到身后关车门的声音，却无力回头，我大喊："抱着我！"我被抱住了，一种得救后的安全感向我涌来，木然地拍下了雪山。回到车里，一声不吭。晚上八点，我们到达亚丁静静的山谷底，天黑了，完全。

一个女孩，名叫卓玛，为我们打开栏栅木之前拿着一个大本子跑过来让我们登记。于是安慰地看到这一天还有其他五辆车是我们的同路人，其中三辆是"浪漫人生自驾之旅"，在康定和雅江的酒店，我们相遇过。领队是云南人，卡其布的裤脚束在绑带的大皮鞋里，有着小麦色的皮肤和镇静的气质，一个坚实的高个子，风尘仆仆的模样。这样的男人，本身就是一道旅途上的风景。在康定的酒店登记住处时，一转身就遇见他乌黑的眼眸，他稳稳地拦在我面前没有即刻移开他的目光，还有什么样的风景和人他没见过呢？他或许只是在想，像我这样的女子，怎么会在此刻出现在他的旅途里。

我们不是为了相遇而出现在同一旅途上的，我们相遇只是因为此时此刻只有一条路可走。

当我们走在同一条路上，千差万别也在路上。

———
不是所有的相遇都有意义，有时，仅仅只是为了可
以在刹那间彼此鼓励，甚至，只是告诉彼此，我们
脚下的确有一条路。

打扰了，凤凰

寂寞有多好，寂寞有多苦，只有寂寞的人才知道。

凤凰是百去不厌的小城。秋天里的萧瑟，冬天里的湿冷，都是去凤凰的理由。当严酷的真实与凤凰相遇，那种美才是刻骨铭心的。晴朗与热闹并不适合凤凰，它的美就该是冷清而湿漉漉的。

节日期间去凤凰是一种遗憾，如果没有当地朋友的招呼，是不可能住得到沱江边的吊脚楼的。许多大学生因为找不到住处，晚上就在街边的面包车里租一个位子住一宿了。早上起来在米粉店里再次相遇时，他们并无倦意，双眼明亮，到处张望。这便是凤凰的魅力。

住的房间是紧挨着虹桥的第二幢吊脚楼，房东是极爱干净的老太太，走廊楼道总是洁净的。站在小走廊里往桥下看，可以清楚地看到站在虹桥桥拱下唱苗歌的女孩，那是旅游局安排的。苗家女孩穿着苗服独自划着一叶轻舟，只要有游船过来，她就起身站在船头唱起那清凉如水的苗歌。歌曲都不长，每次歌词不尽相同，结尾时都是"哟——喂——"这样一句，于是，游船上快乐的男子无一例外地跟着大喊："哟——喂！"抵达凤凰的那天，在小房间里打开门和衣躺着，放眼所及全是沱江对岸的青砖灰瓦，衬着一脉青山。反复地听着苗歌，心越来越静，眼睛开始湿了，后来竟睡着了。醒来时，苗歌仍旧悠长。"好男好女哪用媒哟？媒人的话信得几多哟……"听久了，也能跟着哼唱几句了。

游船都是前往沈从文墓地的，沿城路走也就 20 分钟路程。但是水路自然是凤凰的美之所在，何况一路上有好几处苗家的女孩唱着歌迎着远来的客人呢。凤凰的画家艳红告诉我桥下唱歌的女孩家有姐妹俩，桥下的是妹妹，姐姐在上游唱着。一天这么唱下来，很快乐吧，直到天黑声音都是清亮的。

去沈从文墓地是跟艳红一起走着去的，接近目的地时，很多小姑娘手拿路边采来的小把鲜花叫卖着。笑说不要，她们便说："买吧，拿去给沈从文爷爷呀。"于是买了。

在沈从文的墓地，找了很久。总是看到有茫然的游客，上上下下地找着，不知道墓地到底在何处。解释是多余的，那只会带来更大的疑惑，

一位大师的墓地为何只是一块石头。见过石头前面的字以后，有很多人
也不知石头后面还有字，不知张兆和、张允和的更多。沈从文，活着、
逝去都是寂寞的，只是也许这种寂寞是适合他的，就像我从艳红那儿得
知的，好几个沈从文捐赠处都按他的嘱咐没有标明出处。倒是黄永玉的
字画，随处可见，且处处赫然。但是凤凰人都不以为意。这小小的县城里，
到底藏着多少真功夫的人，是外人永远不得而知的。就如寂寞有多好，
寂寞有多苦，只有寂寞的人才知道那样。游客，不过是这一幅风景素描
画里画错的那一笔罢了，迟早都要被擦去的。我也一样，是三两天后就
从画里被迅速擦掉的一笔。

终于，在写着"照我思索能理解人照我思索可认识人"的石头前磕
了头，起身走了。

往回走的路上，我放在石头前的那一小把野花又被递到了我的面前。
我笑着加快了步伐，离开这个被打扰了的地方。

不轻易讲凤凰，不轻易说沈从文。这两个话题对我
是捆绑在一起的一个话题，很重。凤凰，有很好的
朋友在那里，沈从文先生，谈起来让人心疼……

湖心一朵溜溜的云

A Cloud above the Lake Center

湖心一朵溜溜的云，无数的小白蝶从成雅公路旁的树丛里疾速飞来，吉普车的挡风玻璃上不一会儿就留下了斑驳的浆体。春暖花开的早上，东奔西走的生命，有明有灭。

这是去康定的路上，我们的第一站。在青衣江边，小白蝶终于不见了，我们洗车赶路。青衣江，这样的名字凄艳里暗藏着刚烈，也像是那样一种迅疾，因生而死。纯洁而灿烂的生命，永远与庸人无缘。

一路上，几次因岔路而犹豫时，我就建议沿着江水走。

到康定已经是晚上了，在黑黑的酒店门口，

仍能听见哗哗的水声。康定和它的跑马山是因为一首歌曲——《康定情歌》而闻名的。我曾在一个婚礼上完整地唱过那首歌，那天人们说我的歌声纯净而甜美。

醒在康定的水声里。车子急着上跑马山，我坚持要去喝奶茶。跑马山下，藏民牵着马乱糟糟地将我们团团围住，要带我们上山，因为索道停了。这时朋友的电话来了，她说跑马山其实什么也没有，很后悔为去跑马山而没有去看附近的两个湖泊。我觉得自己松了一口气。两个湖一个叫木格措，一个叫七色海，头一晚在酒店看过介绍。

去木格措的路越走越清凉，道旁的树木渐行渐密，有些发丝一样柔软的绿色寄生植物挂在树枝上，风吹过来时轻轻地飘摇，却像是生了根似的不会跟树分开。好几次有松鼠从前面的路面窜过。能跟野生动物处在同一空间，永远是一件感动的事。再回首遥望脚下走过的山谷，苍莽的绿色之间夹杂着陈旧的褐红色。半山腰竟然有天然的一块平原，马群处变不惊地吃着草，对我们的驻足不予理睬。

原来以为会先看到木格措，结果先遇到的是七色海。

湖面狭长，像一幅宽柔的绿缎子温软静谧地铺在高山之间。湖水由湖边的水蓝色渐变至湖心的翡翠色，精致剔透。它的柔美和湖边缓缓的草坡，让人如此想去亲近，流连了好一阵也不愿离开。难道为了没有看到的景致非得前行不可吗？

　　准备离去时，来了四五个广东青年，央求帮忙给他们拍张集体照。从镜头里我看到了青春结伴的脸上有着在城市里没有的拘谨，明亮的笑容，肢体语言也极尽夸张。他们是我们当天旅途中碰到的唯一旅伴。"也许，我们还会遇见。"他们说。后来我们的确又再相遇过，在理塘。当我们的车毫不犹豫地疾驰而过时，看到他们几个茫然地在路边徘徊，我的挥手只有一个人看到了，他迅速地作出反应，但我只看到了笑容绽放之前的那一刹那。非常的旅游时期，会让远游的人觉得孤独吗？是因为缺少同行者而为自己的方向感到孤独吗？

　　驱车向上，在山顶凛凛的狂风里，木格措豪气地展现在眼前。看着它，觉得七色海的美是阴柔的，而它则是雄壮的，像一首拉开嗓子就唱的山歌，不知是七色海的多少倍，湖深70米，而七色海却只是独处时轻声哼着的心爱的旋律。山顶山腰气温相差很大，五月的木格措湖边还有残留的积雪。

　　我掬起一手烟蓝色的湖水喝了下去，清冽冰凉。天是淡蓝淡蓝的，湖的彼岸是银白晃眼的雪山，重重叠叠，只要有雪山就会有湖泊吧。有负荷便有积累，然后慢慢地将积累转变成另一种东西。雪山是湖泊的前世，湖泊是雪山的今生吧？只有前世今生才可以相守成这样绝美契合的风景。想着，觉得寒气逼人，已经没有路了。车向下行时，我对木格措竟没有什么不舍。它太大了，太冷了。

　　再看见七色海时，我不禁惊呼，在正午的光线下，它变成郁郁的碧绿色，湖心接近墨绿，倒映着一朵温厚圆润的白云。七色海那么沉醉那么柔顺地变换着色彩，看着它就有一种息息相通的享受和感动，有一种油然而生的满足。我不是一个豪迈的人，美且平静是最让我舒适的。中餐就坐在湖边草地上解决。离开成都时，那里的朋友说藏民的酥油茶和青稞酒很难喝，面对那一湖七色海的水，我爱上了入口的一切滋味。在后来的旅程里，我不断地找酥油茶喝，但再没有那么好的滋味了。

"水里有鱼吗？""有，那是水里的菩萨。我们不吃的。"藏民回答。有神守护的水啊。我躺在草地上想，为什么这里不是跑马山呢，这里才真像啊，一个女人湖，一个男人湖，而跑马山什么都没有，它只有一首歌，它只是一首歌。我会唱的一首歌，我曾唱过的一首歌，在一个婚礼上。

如果有人问起去过跑马山了吗，我会说我去过了，那里什么也没有，我真的去过了，它跟我唱的跑马山完全不一样。我更愿意待在七色海边，守望着湖心那朵溜溜的白云。

现在我明白，并非所有地方都值得花时间去经历。
有些地方你去过还会想再去，有些地方，你去过就
不会再去了，也许是根本不必去的。

魔幻时期的人生理想

Life Ideality in Magic Period

在香格里拉的最后一个早上，我在自己突然爆发的大笑里彻底苏醒。感谢那两个在论坛里争辩做女人难受还是做男人辛苦的网虫，以具有自我牺牲精神的言传身教让我结束了寂寞而乏味的网上晨跑。

整个早上我都在昏昏欲睡地看娱乐新闻，已经很久没什么看头了，甚至连绯闻都没了。尽管新欢和旧爱令人厌倦地又出现在同一版面，但那是肥皂剧，不是新闻。那个女子还想怎样呢？孩子也有了，基因不算差，只是单调了点，将来可能有偏科的危险。美色也尝过了，虽然新欢算不上什么好品位。然而，一个有事业有孩子的单身女人已是第二性的完美境界，夫复何求啊！剩下的热门新闻还是两个女明星，她们走光的事都贴了一两个星期了，前者无意后者故意。不过，在明星们的脸都难得看到的时候，她们显得多么阳光。而那些以前放在偶像网站里的美艳模特们赫然出现在原本讲究时效、热点的窗口，一秀就是几百个小时。任何时候，完美的身体都是人类最单纯的诉求，潜意识里还是对健康的渴望吧。"没有了身体，我们怎么吃牛排、穿名牌？"她们赤裸得如此无畏，充满免疫国度的从容。

没有日光的房间里回荡着我孤独的笑声，我已经厌倦了风景，从住进的那晚起就没拉开过窗帘。我疑心那并不是自己的笑声，这一路我都没听到过的笑声，隐约地在墙角回旋。

在丽江古城，我不能相信记忆里那么恬淡的四方城是座空城，我们像虚幻的影子在寻找可以栖身的地方，没有灯光没有气味，我怎么也找不到最喜欢的那家咖啡吧了。两年前的春节我在丽江古城度过，我坚信自己毫不留恋地离开香格里拉到达四方古城时，会有到家的感觉——听着我迷恋的潺潺水声，在随便哪个吧的门前，坐上一晚都不会想走。

终于在幽蓝的夜色里，走进了丽江四怪之一的老瓢的酒吧，或者说是被老瓢召唤了进去。所有的吧都关门了，除了他的。听说我们从成都过来，他马上表示愿为我们肝脑涂地地服务，他吃啥我们就吃啥，只因为他去世的老婆是成都人。接着，他朝一片门帘后招呼道："老婆，把汤先端来。"门帘后无声无息。

80 年代从广美毕业的老瓢扎着条一尺来长的辫子，喘着气不堪一击地坐着，威严得就像《现代启示录》里虚弱的马龙·白兰度，令人不敢轻举妄动。他的吧里挂满了他刻的瓢，墙壁和天花板上贴满了从前在娱乐网站里看到过的许多面孔和老瓢的合照，老瓢就像一个自动弹出的窗口，我们从他那儿听到了许多真正的新闻。他指着王菲的签名说她是跟窦唯一起来的，又指着我身后的凳子说陈逸飞就是坐在那儿跟他讨价还价的。但老瓢只字未提我们听得最多的那两个字。

正当活生生的故事让我们忘记了那静静的门帘时，一个足下无声的女子从那里面走了出来，送上汤和米粉。我们目不斜视乖乖地将那些食物都吃了，尽管那米粉里的面酱像水泥又像尘土一样令人迷惑。但走过几座空城之后，我们的梦想就是能够拥有温暖的奇遇，别无所求。

次日清晨，独自走进古城，老瓢的店门紧闭着，空无一人。流水潺潺声里漫无目的地走着。在一家手工作坊停下，安静地为每一个朋友选着护身符。缺钱的选招财符，写书的选书心符，当官的选升官符，三月生的是双鱼符，结了婚的是招子符……等我回去，他们的理想还是这些吧。

———
哑然失笑，那些虚妄的护身符，并没有得偿所愿地做到什么。当年带着友人的挂念出行，所以一路上也挂念着他们。

淮海路上我想念渔村

一想到就要签版，心开始膨胀，轻盈地上升。签了版，就可以跟美编海豚去爬莲花山，吃素食，然后回家去看淘来的旧碟——《一个法国女人》，贝阿在最美丽的时刻演的片子。但就在谋划一切的时候处长打来电话——第二天一早飞上海，准备做品牌化妆品上海巡礼专题。这意味着我的爬山时间得用来等机票，晚上还得做功课准备采访提纲。对于化妆品，我喜欢用植物精油，着迷于一排装着精油的墨绿色小瓶子，打开之后各有各的馥郁浓香，而且每日配方都可不同，自觉巫婆一般。

从浦东机场出来，坐在的士上，看到右边的高架轨道上一个白色影子晃了一下就不见了。司机说："你有没有坐过磁悬浮列车呀？

只有我们上海和德国有的。"我闭上眼睛，头晕晕地说上海有那么长的距离给它飞驰吗。司机讪讪地说道："现在么，是只能开到 300 公里。"我对上海的的士司机一向有好感，他们是上海人中最坦诚和健谈的。

伊丽莎白·雅顿的公关经理是山东籍台湾人，于是我熬夜准备的精彩提问还不如《齐鲁晚报》的小记者报上老家地名时那么让她上心。就在伊丽莎白·雅顿的茶水间里，我除了获知明年伊丽莎白·雅顿要将红门沙龙带到中国来，还知道了深圳、广州是他们考虑要放弃的市场，因为这两个地方的人都喜欢跑到香港去买化妆品。

其他媒体来的全是女生，AA 吃了顿本帮菜，然后去往淮海路，没多久商店就纷纷打烊了。天空细雨蒙蒙，大家买了点橘子，在淮海路上等的士。一个上海小姐优雅地走到离我们十多米远的前方插队等车，49 分钟后终于有辆空的士停在我们面前，傻人自有傻福啊，万分感恩地上了车。《齐鲁晚报》的记者说："这种橘子在我们那里只要两块钱。"《成都商报》的说："这样小的橘子会被我们打出市场的。"《燕赵都市报》的说："我们那里的橘子一个有两个这样大。"我默默地笑着，因为记不得深圳的橘子多少钱一斤。

我想着那个雨中的上海小姐，心里浮起张爱玲小说里的许多段落，突然明白了张爱玲式的高傲和疏远。在这个空间逼仄的大城市，如果你热情，你拥有的空间势必更小，你唯有用神秘的冷漠来扩大自己虚无的空间。这跟深圳恰恰相反，在深圳，你越热情你获得的空间就越大，大家都是移民，不存在谁是主谁是宾，新移民旧移民的苦闷都是一样平等的。看着窗外没有间隙的高楼大厦，大家的话题从橘子变成上海的楼价。在上海，中心区完全没有花园的高层住宅也要一万多一平方米。"这还算便宜的呢。"司机说。我终于忍不住："在深圳，没有花园的房子真的是没人要买的，有没有大树太重要了。"司机说："深圳呀我没去过，听说就是个渔村呀。"我慢吞吞地说："对呀，深圳就是个渔村，不过，你可能没见过那么漂亮的渔村。"

第一次，离开深圳居然会想念它，想要快些回去，走在宽宽的林荫道上，冬有桂花，夏有玉兰，大朵的木棉花落下时简直是掷地有声。办公室的窗外是碧绿的莲花山，几步就到山下。报社的编辑部，放眼看去一望无际，还有记者夜班时间在编辑部里骑单车玩，比上海多少举世闻名的品牌办公环境都要气派和浪漫……

我们自己能拥有多少空间是我们最应该在乎的，即使它在渔村。

台北的计程车司机，热忱、质朴，总在你下车的时候说："欢迎再来台湾啊。"好温情。走过中国很多城市，计程车司机的态度很能代表一个城市的礼仪程度以及对外来者的态度。

生活在乡愁里还是不

自从离开广州，我就成为一个有理想的人。我的理想是——回广州去。自从有了这个理想，我就变成一个有分辨能力的人。人在我眼里分为明确的两种，一种是有乡愁的人，另一种是没有乡愁的。所以每当钟点工来家里时，我那天写的东西就特别忧伤，她心里的那句话总是不断地传到我的耳边："明天就回去了吧……"我根本不想问她的家在哪里，对于有乡愁的人来说，那里就是甜美的天堂。

我和瑞恰的少年时光是在一起度过的。他和父母住在四楼，我们一家三口住在二楼。他怀念北京，因为他和爷爷在那里度过了不挨打的童年。我怀念江南，爷爷曾让我在那里度过了无法无天、可以不读书的童年。瑞恰和我曾一起熬过黄昏的无数苦恼时光，使得他愿意在任何时候这样介绍我："这是我青梅竹马的玛亚。"但是现在，我们已经成为完全不同的人，他在北京，成为一个没有乡愁的人；我在深圳，成为一个以乡愁为精神支柱的人。

其实我一直就不想再见瑞恰，他心里想什么，我在他方圆十米的地方就能听到。当我要到北京出差时，突然来了灵感，非常想知道他对于我隐藏在长发里的三条彩色细辫子的看法。要知道无论时光如何变幻，我永远都敢确信瑞恰的审美观是一流的。

"对于一个真正了解你的人来说，你现在的发型是最适合你的。"这是瑞恰见到我后的第一句话，接着他又说："它使你仍然是一个让男人烦恼的人。"

瑞恰打开冰箱对我说，吃的都在这里，而那里面都是黑巧克力和水果布丁。他的生活就是足球和爱情，或者足球和失恋。他总说自己是个舞美设计，我认为瑞恰的真正职业是国际业余足球联赛丹麦倭寇队的前锋。他跟我说的全部生活内容都与球赛有关，当时他刚从吉隆坡比赛完回北京，带着那里的阳光肤色和吉隆坡酒吧里的宿醉。他非常欣赏地抱怨他那丹麦籍的队长，在比赛开始以前就去吉隆坡踩点，看看哪个酒吧最适合醉生梦死。

瑞恰的窗外是呼啸如冬天般的狂风和如秋天一样醉人的阳光，可那

时是春天四月。看着电视机上摆放着他自己雕刻的蜡台，终于相信他真
的还是一个舞美设计。就在我相信的那一刻，窗外的狂风戛然而止，阳
光依然明媚……我只能把那一切都解释为他做的布景。瑞恰终于把他这
几年所干的坏事讲完时，太阳也差不多下山了。这时从他的里屋走出一
个刚刚苏醒的巨人，朝我点点头。瑞恰介绍说："这是驼子，我们的守
门员，今晚回包头。"

托驼子的福，瑞恰终于准备带我们去吃点热东西。我们在三里屯 44
号坐下，点燃一根又一根巧克力香烟，喝了一杯又一杯热腾腾的奶茶。
驼子决定把回包头的时间推迟到第二天，瑞恰说这已经是他第三次推迟
了。他每天拉着小行李箱轱辘轱辘地出来，准备坐当天最后一班飞机走，
但最后又跟着瑞恰回家了。我俩相视一笑，知道驼子正处在选择的边
缘——是过有乡愁的生活，还是过没有乡愁的生活。生活需要忧愁，但
却不能被忧愁击垮，驼子的苦恼是不知道自己到底能承受多少忧愁。也
就是在那相视的一笑里，我和瑞恰完全明白了，我们各自的乡愁早就注
定了我们的分离，注定了我们将在天各一方的地方臭味相投。

————
在人的灵魂里，都有与生俱来的深刻乡愁，与出生
地并无关系……而是对精神上、感情上真正的归宿
的渴求。

生命是一次深度旅行

我爱卡波蒂的小说《蒂凡尼的早餐》，因为欣赏小说里面霍莉黛·戈莱特利小姐的名片，而且还是蒂凡尼公司出品的名片，上面写着："霍莉黛·戈莱特利小姐，在旅行中。"

霍莉黛·戈莱特利是能在漂泊中保持生命的热情、在繁华与险峻的纽约还能保持天真烂漫的一个文学人物，她的那种旺盛的生命力来自无视一切规则。那种生存是轻松地游走于道德标准和价值标准之间的生命的芭蕾舞，虽然趾尖会有隐秘的疼痛，但让人看到的都是优美。霍莉黛·戈莱特利小姐的那张名片成为我人生观里一个具有启迪性的符号。

毕业十年，在四个地方定居过，更改过三

次户籍。每一次都以为是"在此终老"了，但最后都"不带走一片云彩"地作别。徐志摩的诗，只爱这一句。

厦门是青春的第一站，它的美丽延长了刚从象牙塔里带出来的清纯，至今也是我记忆中至爱的城市。那儿小巧精致，民风民俗悠久，而又兼具现代气息的从容。鼓浪屿的海滩是发呆的好地方，海豚会在阳光下快乐地跃出海面。那里的男孩，喝酒时很讲究规矩，动作干净利落。那里的恋人是天性纯良、英气逼人的混血男孩，青春里应该享受的美感它都给我了，曾一度以为所有没去到的地方都会如此。

离开厦门前我印了一盒名片，丹麦进口的超薄的纸，口香糖色，上面只有用"报纸灰"印上去的自己的中英文名。不细看，就只是一张空白的小纸片，当时最喜欢的就是看到接过名片的人的表情。我爱上了那种今生不再相见，爱上了那种擦肩而过，我不需要有缘再见。

可是，生命的轻盈和空灵终于被电话号码和各种地址填满，所幸的是可以不定期地更改着，但最烦恼的还是名片递出去的那一刻，因为那上面所有的说明都只是我的一个幻影，除了名字，就像戈莱特利小姐所说的那样："我怎么知道明天我会在哪里？"戈莱特利小姐后来被搬上了银幕，由奥黛丽·赫本出演。可惜影片里的服装设计被赫本一穿简直美得过火，那种虚无缥缈的小说意境便烟消云散了。人是不可以生活在小说里的，但是人可以生活在旅行之中，只要你能坚持你所厌倦的，只要你能坚持你所企及的，只要你懂得一转身便到处是去处，你就能享受到那种缥缈。缥缈是很难使人厌倦的，因为只有它才紧贴着生命的本质。

谁都体会过旅行出发前的兴奋，仿佛生命被注入了最新鲜的血液和能量。当你的生活可以是一次又一次的离开时，为什么不欣然接受？生了根的生活需要太多的坚强和毅力去抗争沮丧，为什么不选择被一次又一次的兴奋唤醒，去感觉生命中永远都充满跃跃欲试的热情？

那盒口香糖色的名片还剩下一半，看到它，内心就充满了飘逸的感觉，感觉自己又在旅行之中，在最真实的梦幻之中……

———
最不曾盼望要在深圳定居，却变成了深圳人。这不是命运的玩笑，而是一个人生的功课。心有平安，在哪里都能享受旅行的快乐。抓住过去不放，是因为还需要成长。

熟悉的陌生人

Familiar Stranger

　　因为有过上错火车的经历，所以再次认真地核对着车票上的数字，是否与火车车厢门上标示的数字相符，要知道，光是接近还不行，排列方式得完全一样。就在这时，我瞥见火车车厢里晃过一个巨大而又熟悉的身影，于是我坚定地意识到这次自己绝对不会上错车。那个熟悉的身影是我见过无数次的，我甚至敢肯定他刚离开香港由罗湖入关，因为他要去广州。

　　我在广州的时候，无数次地在这个人的茶餐厅里吃过他的招牌菜香蟹粥。他的店就在环市路的友谊商店旁边，是我见过的最勤快的老板，永远都在店里走来走去，不露痕迹地弥补着忙碌的服务生留下的种种不周。我和常去吃粥的朋友不知怎么就知道了他是一个香港人，那个谁也做不长久的餐厅被他经营得很旺。我们一直在私下里叫他肥伯，他的确也是我见过的最肥的广东人。肥伯隔着过道坐在我的斜对面，我看了他好几眼，希望他也会将我认出来，以前去他的茶餐厅他不是一看见我就笑眯眯地说"来着啊，里边请"吗？原来平时他是挺酷的人。在同一个车厢里有熟悉的肥伯的身影，让我觉得好安心。

我每个星期做两个版，其中有一个版赚的钱差不多都花在广深线上了。不知道为什么，只要有时间我就会往广州跑，我不是广州人，但是广州却有我熟悉的一切。我知道哪里有花样百出的饼干卖，当我进到饼干店里，认得我的店员就会说："你要的榴莲饼到货了。"我知道哪里有热烘烘的蛋挞吃，不用我开口，老板就会帮我打包五个，把第六个放在我手里，因为我一定会当场吃掉一个。我知道最好的电影放映厅里哪个位置最舒服，知道哪个咖啡厅的洗手间打理得干燥又整洁，知道哪几个小书店会有我喜欢的书，而且不用我出示优惠卡，书店的老板就会帮我打折……我真希望每次在广深线上狂奔时，都能跟肥伯同一个车厢。

快到广州时，我把手机拿出来换上广州的 SIM 卡，再开机就接连收到两条信息，有一个叫左丽（看名字应该是女性）的朋友向我问好，有一条她是这么说的："玛亚姐姐，我在晚报上看到过你写中秋的那篇文章，虽然中秋过去很久了，但我还是祝你中秋节愉快！"

在记忆里搜寻良久，竟然想不起来左丽的样子。还管我叫姐姐，是谁呢？于是我故作热络地回了一条信息谢谢她，为了套出她的身份狡猾地问道："还没下班吗？"她居然飞快地回答："是啊，唉！"貌似甚亲昵。我进一步试探："我正从深圳回来。"她居然回信："噢，是啊？真的啊？！"我完全蒙了，赶紧收声。后悔自己自作聪明，本应该打一开始就问她"你是谁"的。我喜欢这个叫左丽的陌生人，喜欢跟我很熟很熟的人，她似乎就是。

温暖的生活是由熟悉的人和事物构成的，尤其是那些为你所熟悉的陌生人，就是他们跟你的默契使得你悲喜无常的人生真实地继续进行着。如果有一天，你在火车上看到一个貌似聪明的女性却坐上了一趟南辕北辙的火车，正被列车员训斥得哑口无言，那一定就是我。

———
"陌生人只是未见面的家人。"——《天堂里遇见的五个人》

无法抵达的离开

　　我习惯在任何旅行中随身携带一两件熟悉
的东西，这就注定了我不会成为真正的流浪者，
但我今天才愿意承认。某个早上，突然决定离
开广州时我带上了《米格尔大街》，这是十几
年前出版的一本小 32 开的薄书，如果编辑知
道维·苏·奈保尔后来会得诺贝尔奖，就一定
不会在前言里说出版它是以鲁迅的"拿来主义"
为基本出发点，至少能敢于承认奈保尔那种举
重若轻的深情讽刺让人百读不厌。把出版的理
由归功于鲁迅现在看来是不划算的。我带着它
去过好些地方，白天在背包里，晚上在枕边。
虽然一直到奈保尔获得诺贝尔奖后，我才刻意
记住了他的祖籍——特立尼达和多巴哥，但对
这本书的喜爱确实绝非出于势利。

米格尔大街里的人总是想着离开，最后又都乖乖地回来，只有赫瑞拉太太真的走了。因为她其实是克利斯蒂安尼夫人，是一个跟着酒鬼私奔到米格尔大街的女人。奈保尔把这一段取名为《只是为了爱》。从到康定的晚上开始重读赫瑞拉太太的故事，然后是稻城、亚丁，一直到离开中甸的香格里拉。这个重读的故事终于被我时断时续的旅程拼接完成。

在川藏线上，一天十几个钟头在群山间不停地穿越，日出日落间我看见了雪花和春花，从白雪皑皑的高原到春暖花开的谷底，在金沙江畔走也走不完的盘山公路上，我几近崩溃地自问要到的地方就是这里么？没有人，没有爱。我想要去的不就是没有爱的地方吗？不就是可以恣意飞扬的地方吗？金沙江似乎正对我狂笑："你到了。"但是为什么当我真的远在天边，记忆却仍近在眼前？即使处在剧烈的高原反应中，我也清楚地知道我还得回去。只要回去，雪山下痛哭之后的那颗心无怨亦无惧。

远离之后，广州竟变成我不敢提及的出处，一路上遭遇了无数的检查、消毒、测体温。公路塞车时想去近旁的村庄逛逛，村里的人远远地就朝我们挥手让我们往回走，不得进村。在小超市里买水喝，经过服务员时，她很夸张地侧身避开。只有在县城的小食店里，三个藏族女人将她们的馍馍和酸奶酥递过来让我掰了吃，晒成黑红色的脸庞告诉我那是一种从未被爱惜和怜爱过的生活，但是脸上的笑容明亮得让人惭愧，那种美让你觉得不可企及。

　　米格尔大街的人最后一次看见赫瑞拉太太时她正坐在有大车库的花园里读报，穿制服的仆人在准备午餐，她仍然是克利斯蒂安尼夫人。除了她，没有人可以真正离开米格尔大街，包括奈保尔也不能，所以他对自己身处的异国他乡永远都那么隔离和偏激，米格尔大街并没有因为他的离开发生任何变化。

　　在那个非常时期的非常心情里，我万分清晰地记得离开广州时阳光普照，那里就是我旅程要到达的地方。白天，车水马龙；晚上，灯红酒绿。在那里，再不会有人问我，你从哪里来?

―――
当年执著地想要回广州去，执著让人不自由，我更
爱自由。

双城记

几年前，由于我毫无目的的生活习惯已经到了令朋友们担忧的地步，他们决定把我送到深圳来工作。临行前，他们对我说："你至少要在那里待半年。"也有比较心软的："你待三个月就回来吧。"结果我以另一种方式让他们失望了，我一直待到今天。

这几年中，我以不同的频率间歇性地回广州。在烦恼和幸福的时候，我总会回到广州去，在那里重新给自己一个清醒的定义，不断告诉自己：你是一个喜欢步行街的人，你是一个喜欢风雨天的人，你是一个喜欢吃双皮奶和陈村粉的人，你是一个喜欢把钱花在看不见的地方的人……你是一个广州人。

　　每次回深圳，我都拖着满满一箱，似乎只有在广州买到的一切才能使我的生活质量有所保证。其实许多品牌深圳也有，也许我贪恋的是不管我去到哪个熟悉的店里，总是会听见有人对我说："呵，你回来啦。"或者是："你好久没来了呀……"这一切，让人内心那么踏实，也让我肯定自己还没有失去原有的特征，还有一个可以回得去的永久之地。

　　可是，我却惊奇地发现上一次回广州我竟决定将一条绿裙子的拥有权给予了深圳，因为我突然想起深圳专卖店里对我熟悉的每一个店员。我曾在风雨交加的黑夜里买了一条黑色麻裙，拎在手里20分钟后就漏掉了，我沿着原路找回去，那些店员体贴地为我给公司打电话，第二天又给了我一条新裙子。现在，只要我去那店里，不论是路过还是仅仅随便看看，她们都会开心地跟我打招呼。这使我的确有些恍惚，我不知道是不是时间一长，某些东西都会变得相似起来。比如，当我打电话去书吧订座时，接电话的女孩居然会开心地说："呵，是您啊，我记得的呀……"去了那里，你看到的微笑全都似曾相识。

　　当我因为房东把房子卖给别人，自己也迅速地买了一处房子之后，美编海豚一边调版一边自言自语："这下好了，你终于不会回广州了。"我心里却想起了在我无数次返回深圳的火车上，广州的女友药丸子给过我的很多信息："亲爱的，我始终认为，以你为挚友是有福的……""亲爱的，没有了你，那些包包和鞋子都显得呆头呆脑……""亲爱的，我要接你回来……"

　　当眼泪无声地滑落时，我分不清那是为海豚的话感慨，还是因药丸子的话而伤怀。我不敢相信一个对此处三心二意的人，也可以用三年的时间建筑起一份渐渐温暖起来的生活。就像我广州的浴室里会有各位女友的牙刷那样，深圳的抽屉里居然有同事的睡衣。在加班的深夜，她穿着卡通的睡衣，撒着娇要我做番茄鸡蛋吃；我换工作时坐到我身上哇哇大哭，不是说八十年代出生的都是白眼狼么？现在，我知道了为何自己在这里竟逗留了几年。这几年我虽然深爱着广州，却在怀念的同时不由自主地与深圳日久生情，尽管我永远都不可能像爱广州那样爱深圳。

———

庆幸自己没有像过去那样总在怀念和纠结，对某些地方和人事，应该满足他们已经给了你美好。享受此刻的旅程吧，每一个站台上都会有目送和迎接。

去二十年前过一个周末

如果你是个文艺青年，或者曾经是个文艺青年，那么就会很喜欢澳门。文艺青年是二十年前中国社会最有气质的青年人，他们喜欢名著、画展、芭蕾、电影、诗歌朗诵会……难以想象的是，如今这些都可以在澳门找到。

去澳门之前，一直忽视了这个近在咫尺的地方，浅薄地把它想象成港产片里黑社会人士打架失败之后跑去藏身的逃亡之地，以及豪赌的地方。所以当我后来力劝身边的文艺青年去澳门转悠时，他们也都同我一样有着肤浅的认识。

第一次去澳门，下船之后感觉很有文艺气息。天空下着蒙蒙细雨，大街小巷干净而宁静，完全没有黑社会的感觉，走在骑楼下像是回到儿时跟爷爷一起生活的广州。当时是去听一个关于"香港电影中的澳门"的讲座，由澳门文化局举办的。其实就是一个脚蹬尖头皮鞋、留着中长头发的瘦高个的文艺男青年一手操办的，我私下里一直称呼他为"尖皮鞋"。后来只要是文化局举办的文艺活动，比如现代舞之类的，就会看见他不紧不慢地忙进忙出。

　　澳门的女孩子没有预料中的那么黑，不少都很白皙。个子不高，大都单薄，一种清淡的青春。在一家二楼书店的玻璃窗上看见有 17 岁女孩写的短诗——"什么时候，胳膊才会有成熟的样子。"这该是典型的澳门女孩的形象和青春吧。澳门的文艺女青年喜欢穿轻盈的齐膝短裙，碎花，也有洗水丹宁布的，颜色暗哑且文静。她们会拿着一个三明治，一杯奶茶，坐在剧院门外的沙发上斯文地解决晚餐。她们的掌声很规矩，不喧哗也不起哄。澳门的文艺生活是年轻人的，不是中年人怀旧的业余节目。大部分观众都是年轻人，这让人觉得澳门是个充满青春的城市。

　　有不少的外国人，他们让澳门充满了杜拉斯小说中的风情。热带容貌、黝黑丰满的东方女子，披着一头漆黑乌亮的长发，身着黑色吊带裙，挽着穿黑色唐装的英俊的中年白人。这是去看澳门的法国现代舞蹈时最抢眼的一对观众，可以肆意幻想他们的爱恨情仇。音乐咖啡厅里坐的差不多都是西方人，有年轻的金发夫妻，也有成群结伴的，还有神秘的同性恋人。也许澳门给人的东方感觉才是原汁原味的吧，我这样想道。

澳门很小，但街道走起来却一点也不乏闷，顺着走是一种感觉，倒回来走感觉又会不同。微雨的时候，小巷里还有街坊在下棋。在买礼物的小街里，闻得到很浓烈的虾腥味，也能够闻到杏仁饼的芬芳。澳门人很客气，问路时都是有问必答。在前往大三巴的路上，报摊的老板把去大三巴的方向直接写在挂杂志的牌子上。也许问的人太多了，也会疲乏的，所以用手一指牌子，自己看吧——"去大三巴朝前走向左转弯"。

到了大三巴，站在澳门博物馆的山顶，空气中还漂浮着山下烤猪肉脯的甜腻与焦香。这样有滋有味的小城是很容易让人触摸到它的真心的。

博物馆设计得非常之好，有澳门的低调平实，也有别致的细枝末节。沿着山麓上去时，一路上有木制牌子提醒你"估计是原来的……之处"，语气不很肯定，所有的遗迹谦逊而又完整地被保存着。这一路并不长，但在情绪上已经为你和历史之间作了很好的铺垫和酝酿。好的建筑都有好的前奏，然后带你进入主题。山顶的视野十分开阔，澳门的过去和现在都在那一刻交到你手里。博物馆没有采取任何雄伟的姿势，是很低的一层楼，进去以后，空间向下发展，然后在地下一层再为你辟出一片天空，有沉淀，但没有压抑。

这里的建筑，没有政治建设以及刻意改造的痕迹，顺其自然的容貌。看不到太多时代更迭的沧桑感，一种很慢很从容的建筑语言，一如 20 世纪 80 年代初期的模样。

码头的地砖是很久以前就已使用的那种最小块的方砖，像是用在浴室里的，旧的白色。候船室里没有空调，只有大的黑色铁风扇。家庭妇女模样的中年女人在检票，没有穿制服，似乎随时准备要回家做饭。

至于澳门的饮食，餐饮小店都挺干净，但端上来的菜都差不多是苍白无味，不太容易勾起人的食欲。在过去红灯区的小西餐店吃过，不仅贵，菜也做得很粗糙，很难吃。也有被蔡澜称赞的面店，没有预想的那样令人着迷。总之澳门不是一个适合贪嘴的地方。酒店楼下有早餐店，门口柱子贴了电话号码，说有奶茶可以外送，我不小心就记住了，但一次也没打过，担心沟通障碍，也怕起早床。不过，澳门的蟹粥颇为甜美。

跟澳门人说话，普通话大都可以问个路，最好懂点粤语，当然也有澳门人非要你讲英文。比如市政局对面、步行街广场旁边有个壮年男人在卖杏仁薄饼，你问他价格他就用很含混的英文说："25元一磅。"因为说得不清楚，听的人很辛苦，就会再问。对此他显得很不耐烦，还用英文反问："你会英语吗？"难道他以前是个黑社会老大？不然人这样凶，生意怎那么好？一个个争先恐后地来买他的饼，竟然还这样想不开。他的薄饼吃起来虽然一嘴淀粉，但闻起来真的很香，都是被香气骗的。在澳门，就只有这个生意人一副不怎么快乐的样子，也许是退了休的黑社会，可能女友也被人霸占了，犹如电影里描述的那般，脸上真还有几分凶光。后来去澳门，就不再光顾他的生意了，但会使劲儿闻那杏仁香气。有时远远望他一下，看他有没有对别人很凶。

　　特别喜欢一间教堂外面书店里的老修女，你的目光只要跟她们接触，就会感受到她们无比灿烂和真实的笑容，现在已属稀罕。我看完了买来的两本小书，心里有些想哭，就是因为那些笑容。想起读书时，第一次在教堂唱诗班时，也是眼泪双流，不知为什么。澳门的教堂很多，有无数可以祷告的地方，如果你累了，不快乐，或是悲伤，就随便走进一家教堂坐着祈祷，然后再次祈祷吧。

　　澳门是个有些陈旧的地方，澳门人也有些土。就是这样，你到了那里不用抖擞精神来做个旅客，不会害怕自己有失礼的地方。你仿佛就是一个晚餐后走出家门去散步的游人，只是这次散步离家稍微远了点。

────

城市太大，很难摸到它的心；小一点，很易收获人心；太小，又会人才流失……我想，澳门的年轻人之所以不愿意离开澳门去别处生活，其中一个原因就是因为它的大小恰恰好吧。

单 纯 选 择

慢慢活着

Slowly Live

爱丽丝的墨水

和玉伯伯是我见过的胸部最丰满的女人，她的个儿小巧，头也小，手脚显得更小。

很多小朋友笑话我，怎么叫一个女人作伯伯呢？我问妈妈，妈妈说："她比较大，所以你不可只叫她阿姨。"妈妈说的"大"，我很久以后才明白，不仅仅是她比妈妈年纪大，而是因为她应该接受不同一般的尊敬。就像学术界称呼杨绛为先生一样。

和玉伯伯是天津人，是燕京大学最后一个拿到宋美龄奖学金留美的学生，但她还没起程，新中国就诞生了……她成了一位语文老师，是我母亲最要好的朋友，她们之间的友情有种很神圣的氛围，还不是闺密那么寻常。

　　在我童年的记忆中，有很多个晚上都是与和玉伯伯一起度过的。母亲当时的心脏病已经使她无法站在讲台上教书了，所以在学校图书馆工作。图书馆有两个书库，其中一个是永远锁着、封闭的，但是母亲常常带着我在里面找书看，那里面的禁书其实都是名著、外文原版书……我特别喜欢待在那个禁书库里，感觉好神秘、好富有。母亲就是从那里找到原文的《爱丽丝梦游奇遇记》，灰蓝色的精装本，母亲准备带着它和我，在父亲开会的夜晚去和玉伯伯家。

　　和玉伯伯的英文实在好得不同一般，我都不明白她为何不是英文老师，因为她给我讲完了一本又一本原文版的英文故事书，我都没见她查过一次字典……在那所有的故事书里，印象最为快乐的就是爱丽丝，因为讲到爱丽丝喝了长高墨水之后只能往门里塞进一条胳膊的时候，和玉伯伯与我竟然笑成一团，不断演绎和模仿爱丽丝的尴尬……我们笑啊笑啊，和玉伯伯眼泪都笑出来了，激发了我更多的兴奋。

　　我都不记得母亲当时的表情了，只记得接着往下讲时，我们俩还是很默契地发笑，止也止不住。和玉伯伯有一个巨大的陶瓷茶杯，跟她的小手一点不符合，当她拿起茶杯喝茶时我们很默契地意识到那种比例上的滑稽，又一次笑起来……我不知道是不是从那天开始也喜欢去喝和玉伯伯的大茶杯，模仿爱丽丝比例奇特的世界。母亲总是说："不要喝伯伯的茶。"和玉伯伯却说："让孩子喝，孩子爱我呢，不嫌弃我呀。"

　　那些夜晚真的很童话，天真快乐。每次都是和玉伯伯先为我讲一段故事，随后母亲就让我自己去画画，她们便开始聊天。和玉伯伯是寡妇，她的丈夫因为政治问题死于监牢，她有三个美丽的女儿，大女儿去了新疆当知青（我长大后与她大女儿成为忘年交，她是个时装设计师），剩下的两个小女儿当时都很讨厌我（她们后来当笑话告诉我），因为每次我走后她们就要辛苦地擦地板。和玉伯伯常给我很多彩色粉笔让我在她家木地板上画画，而且她大概只给我讲过那么多故事。

我觉得和玉伯伯对我那么好完全是因为她和母亲太要好了，她们俩有种惺惺相惜的情愫，那种友情让她们能够逃避那个时代里让她们失落的世界，也为我的童年开辟出一个小花园。在那个花园里我跟着她们游历了完全超然于现实的童话世界，并且建造了我最初的精神家园。和玉伯伯的英文故事成为我启蒙的一部分，在我自己认字之后，我读遍了我能找到的所有的童话，用它们建造起我的人生观。

今年，当我看着强尼·德普演的《爱丽丝梦游奇遇记》时，我对于眼睛所触及的一切画面一点都不感到陌生，因为很久很久以前，我就在心里描绘、想象过无数遍。只是，当我看到那瓶墨水时，我的眼泪默默地流下来，我想起了与和玉伯伯度过的快乐夜晚，听她讲过那么多故事，我独独记得爱丽丝喝墨水的晚上……

如今，母亲已经不在14年了，和玉伯伯仍旧与她最小的女儿生活在一起。她对我说："我常常一句话到了嘴边，手忍不住要去拿电话打给你母亲，才想到她不在了……为什么我总觉得她没有走呢？"我看看和玉伯伯，想着她和母亲渐渐体衰之后，经常煲电话粥的情景，无言以对。和玉伯伯和我母亲最后一次相聚竟然是在同一间医院。她先入院，母亲听到消息后哭着要求我立即去看望她，我照做了。我没告诉和玉伯伯母亲当时为她担心哭泣的样子，母亲很怕和玉伯伯要先走了⋯⋯却不料，母亲自己几天后因心脏病入了同一间医院，并且就在那一次去了天堂⋯⋯

《爱丽丝梦游奇遇记》对于我意义特别的不同，因为和玉伯伯与母亲都成为爱丽丝梦游奇遇记里永不消失的人物，跟我的童年一起神奇地生活在我心里。当昨夜，我被身边的精英们劈头盖脸地痛斥童话般的价值观和管理能力时，我很坚定地相信：创造童话世界，更需要智慧，上帝给了我所需要的，所以才赐给我有关童话的一切灵感。上帝的恩典永远大过我所要经历的一切，正如一个牧师所言，《纳尼亚传奇》中的狮子正是耶稣基督的预表。所以，我仍旧是那个喝了墨水的爱丽丝，正在完成属于这个世界的使命。

———
童年的记忆是人一生的根基，感恩那些有童话的晚上，使我成为相信有神迹的人，也成为得到神迹的人。

中文系的女生

武汉和长沙，三月的最后两站。我在那里与她们重逢，二十多年和十年的女友，中文系的女生。

从未称呼她们为我的闺密，清洁美好的情谊，有时光筛选出来的品质。

到长沙近子夜了，飞机晚点，彦频已在酒店的停车场等了一个钟头。大堂华丽的灯光衬出夜的寂静，她缓缓地走进来，一脸的柔和平静，手上提满了购物袋，装着零食，而且是双份，因我告诉她有同事一起来……她的神情使我的抱歉烟消云散，她总是那个让我最为放松的女友，从不生气，从不提问……

有一条裙子叫天鹅湖
There Is a Skirt Called Swan Lake

　　读大学的时候，比我矮许多的彦频总是骑着脚踏车带我沿江赏景，我一开始担心自己让她负重，她却很肯定地说："你负责唱歌就行了。"那么多不能忘却的老歌，就是坐在她的脚踏车后镂刻于心的。下了车，她果然面不改色，很满足的、平静柔和的欢喜。

　　毕业后各在不同城市，我是个不刻意经营情感的人，极少跟人联系，但是每隔一两个月，她总会有信、有电话、有信息，问一句："还好吧？"彼此从未诉说过详尽的生活，有变故的时光里她会加一句："要我做什么？"但每次简短的联系，她都会真实地传递出"我永远在你身边"的气息，二十多年就这么过去了，我们的情感被她的牵挂维系至今，成为我信任和深深依恋的……她升迁了几次，去了哪里，我还是不太清楚，只记得问她的丈夫儿子还好么，只知道她现在是局长，我们从不谈工作。她总是在读我的文字，就像读书时读校刊上我的文字一样。

　　去年她到深圳出差，到了我才告诉她刚好是新书发布会，却没时间陪她，她自己找到书城，坐在阶梯上。我站在那么多人前，从人群中看见她的时候，喉咙哽咽了，就像看到二十多年前的自己……晚上回家太晚，她已经睡了，我看见她的毛巾挂在自己的浴室里，对着镜子流下了眼泪。

　　彦频跟往常一样，什么都不问，我以为她会要求去听我讲课，她曾经笑说过想看看我上课的模样，但是她什么都不说，怕为难了我。只说要带我们去吃消夜。吃完回酒店，已经两点，彦频从来都是早睡的人，却一点倦意都没有似的说："明天想吃什么？几点来接你们？"

按约好的讲完课给彦频信息，但她在停车场已等了一个钟头，然后带上我们去吃鱼。我说："你家里天天吃鱼，干吗还找鱼吃？"她说："你爱吃鱼呀。"她先生唯一的嗜好就是钓鱼。饭后送我们去坐高铁，从后车厢拿出一袋鱼干给我，说："有腥味，别放衣服箱子里。"我答应着："嗯。""多写点书。""好。"这是我们常有的告别辞，我们会在逛街时挽着手臂，但从未拥抱过。我深深地看了她一眼，吸了口气，笑了，她也笑了，无声无语……我踏上了去武汉的高铁。

子沫，在武汉找到我时，演讲马上要开始了。她一身布衣，长发比从前还要长了，不施脂粉……在所有中文系的女生中，她是最文艺的。子沫在一本很有名的杂志当主编，我们有七年未见了，每一年她都会在信息里对我说："来武汉吧，我带你去看樱花……"

演讲的时候，子沫拿出笔记本，戴上眼镜，认真地记录……是职业习惯，也是专业习惯、更是她天生的认真。

演讲完，她对我说："我要带你去东湖看梅花。"可是人群还未散去……等我结束了那里的一切，看见她安静地等在那里，不怨不躁。我走过去，搂了一下她的肩膀说："亲爱的，对不起你。"她说："不要紧的，总算见到就好了，晚上看梅花也别有风味。"是啊，天都黑了，她还是执著地要带我看花，而我心底那些花香已经升腾起来，她怎么知道我真的爱花，我们谈过花么？多年前，子沫到深圳组稿，来找我，我们的认识是实实在在的以文会友……交换彼此的文字，在文字里略微了解着彼此。一晃，十年，今年她也出书了，寄到公司来，很像她的风格，文艺、珍藏生命中每一点滴的收获……

上了她的车，我拿出特地带去给她的咖啡和巧克力，那一刹那，我发现我忘了带礼物给彦频。只听子沫孩子般地叫起来："哎呀，你送咖啡就对了，我是咖啡控啊。"我突然发现，这十年，我们从未谈过自己的爱好和私生活。从咖啡到子沫的先生、孩子，我在她可爱的小车子里才了解到老朋友的一切，她娓娓道来……我是那么感动，坐在我身边的她，是我喜欢的女友类型，安静地生活，默默地提炼，不抱怨地活出一份很好的生活……十年，刻意经营，也不见得能拥有一个朋友，而子沫却从未走开……

到东湖的时候，我把车窗打开，让风吹进来，慢慢地告诉她我生活的轮廓，默默地在心里感恩。我们用最短的时间完成了一对十年友人需要了解的"简历"。所有的煎熬、忍耐，都不在交换的"资料"里，我们简约地交代了自己，我想我们原本就知道我们会是今天的样子。其他的一切又有什么重要呢？朋友，就是用来享受彼此美好的。

站在阵阵清香的梅花林里，我深深深深地吸气，几度泪湿，在暗沉无星的夜色里，梅花树梢发出白莹莹的光……身边子沫说："这边、这边更香……"我笑了，好熟悉的场景呀，好熟悉的声音呀……

中文系的女生呀……即使此刻，我仍旧能从我的记忆里清晰地闻到那梅花的幽香……

　　我亲爱的中文系女生，我爱你们，请原谅那么多岁月里我的粗心无心，我未曾忘记过你们每一丝的美好，当我无言无声时，我不过是走在为了不辜负你们的路上……

这是 2012 年的手记，我为着生命中那些未曾经营却留下的真心朋友感谢上帝！真正的朋友，总是默默地挂念你，深深地体贴你……让你得到像情感教育一样美好的体验，是令我感恩的恩典。

欣桐来了

朋友来了，我拥抱。

朋友走了，微笑目送。

时间会为我们带来朋友，也会淘汰他们。不论多么情深义重，有的朋友就是会消失，但有的，永远都会留在你身边，这不是一开始就能知道的事。

如果你只听说过为了爱情千山万水的奔赴，那么你更应该相信为了你千山万水来相聚的朋友。正如奥黛丽·赫本在第二次离婚后拥抱着自己的女友说的："丈夫来了又去，你我永远都在一起。"那个女友一直守候她，直至她离世……

周末，欣桐的电话来了，告诉我明天去她家吃饭。我诧异。她在电话那头说："来我深圳的家。我搬过来了，全部过来了，明天做饭给你吃。"

"怎么不叫我去替你收拾啊？"搬家多么累啊，何况从广州那么远，深圳她并不熟悉。

"怎么能叫你做那些，就是要给你惊喜，明天把爸爸他们都带来……"欣桐有很好听的声音，以前电视台的广告旁白总是找她去录音。

两年前欣桐结束了广州的事业，准备休整身体生女儿，告诉先生她决定将生活移植到深圳。她那中央美院出来的艺术工作者一直都等着机会回北京，所以问为什么要来这文化沙漠生活……欣桐说："那里有朋友。"她先生说："不就一个吗？"欣桐答："她一个还不够么？"

就这样，她用两年的时间，如愿生了个美丽的射手女儿，在女儿满周岁的时候来到我的身边，她对我说："Kelly 越来越像你了，你看了就知道……"我在电话这头眼睛湿润，想起去香港看她生女儿的那天，说好要我做 Kelly 的另一个妈妈。为了生女儿，她让自己的丈夫吃了四个月的素。她总是知道自己要什么，然后去得到。

在广州，她是我们几个女孩中最年轻的，但是我们都听她的，尤其我，是乐意听她的。我喜欢她语气里有母亲一样的不由分说，从前，如果有阵子没回到广州，她就会来电话："又在加班？为什么不去约会？我再给你两个月，否则就回来。"

多年的商场，把这个小提琴手锻炼得像个女特首，只有我知道，她心底里最柔软的地方盛开着蓝蓝紫紫的小花朵，一块碎花布就能让她的目光温柔起来。那是我们心灵相通的地方，我们也总是可以回到那里，找到惺惺相惜的温情。不论世界将她变得多么强大，将我变得多么淡漠，只要我们在一起，就能回到原来的温度，最美好的朋友都是这样吧：在彼此的身边，回到彼此最美好的原点。

欣桐选了靠山的住所，而且跟我一个区，宁静得不像深圳。进去房间四壁都是她先生的画。电视倒是跟鞋盒似的小，书架已经摆满书，欣桐的先生在一旁慢吞吞地笑着说话……儿子丰林已经长大，可以带着婴儿车里的妹妹到处跑了。

让生活的一切在一个新的城市从头开始，在她这个年龄并不轻松，我甚至在心里责怪自己，以前总是要她来深圳陪我生活，现在她来了，我心里却为她忧虑。欣桐仿佛读懂我的心语，搂着我的肩膀说："我算过了，我来这里只会越来越好。"我将怀里的Kelly抱紧一些，Kelly真的就是我想要的女儿模样，沉静、满足、温顺、憨气的美。我对欣桐说："嗯，不要怕，这里有我。"

这是第一次，我对深圳这个城市充满了斗志，在那一刹那，我闻到好久远的一股气息。那是从前我哭泣时欣桐的眼泪的气味；也是欣桐失恋时，我陪她站在她男朋友走廊里的气味……那是两种悲伤混合之后的气味，它充满了稳定的苦涩，苦中一缕清香，只要你闻到，就会感觉到人生的信实和慰藉。

欣桐来了之后，立即找到了连我都不知道的深圳淘衣服的所在，正如她从前总是能为她盖的楼房找到奇异的仿古砖和美妙的灵感。我有点像梦游一样跟着她去深圳非常行家的茶行喝茶，不太相信在深圳也能回到广州式的生活里。有时让北方朋友带了面食、点心来深圳，我送去给她先生吃，她先生次次都是边吃边赞："这是好东西啊。"我的心有些酸，他们这两个与深圳都没有关系的人，真的就这样将户籍、生活都迁移了过来……我再没有理由说深圳有什么不好，上帝给我太多了……每次结伴外出再回家，两人都要发信息互相感叹一番，不如说是再次确定一下这份生活的真实可信……

我记得刚从广州来深圳的时候，总会找理由跑回去，拖到周日的最后一班车才往回赶。在回程的路上，常因为累了而为那种奔波黯然神伤……在黑暗的车厢里，不知道自己的未来会有些什么，但每次我都能够肯定的有两样：上帝赐予我的这支笔，还有欣桐这样的朋友。

———
欣桐因为事业缘故又离开深圳了，但偶尔会突然到来，在我家小住一两日。早上我还没起床，就听到她和老爸在客厅边吃早餐边聊天，我躺在床上，享受那一刻，好温暖……

墨绿色的小床

　　四点多钟，是咳嗽最厉害的时辰，要请中医师才能解释。我已经习惯了新的生物钟，准时把自己咳醒。鸟也是在此刻开始鸣叫，先是在落地窗外的这边树上，然后又从那边的树里，互相应答着，越叫越欢。在还没有变暖的晨光里，显得那么生机盎然，真希望自己就是那样，从清晨到黑夜，就像这鸣叫声不知疲倦。

　　从小，就不睡午觉，爸爸妈妈为了让我睡着想尽办法，甚至用浴巾做过小吊床，想把我晃晕好入睡，可是，他们手都累了，我还是在浴巾做的吊床里向他们憨笑。妈妈提起我不睡觉的故事就一脸无奈。后来进了幼儿园，由于不午睡换了很多小枕头，因为睡不着也得躺着，只好用手指玩枕头……

　　等大了，经常通宵不睡，看书，听音乐，写笔记……然后在天亮之后带着一种莫名的神秘感走进人群，仿佛自己在他们沉睡的时候发现了宝藏般地充满优越感。不过到了上午九十点就会倒下睡着，但我安慰自己那是最应该睡觉的时段，人们通常不会在那个时光讲出什么精彩的话，大家还处于觉醒后的恢复阶段，不会有什么被错过。现在，看到圣经里说"贪睡的人有祸了"，就大笑。

　　躺在晨光里，又一次为自己在幼儿园墨绿色的小床上苦等午睡的起床铃而感到难过，那些寂寞的时光我到底是如何度过的？我想了些什么？我常常问自己，但是我什么都想不起来。Samuel 跟我一样不午睡，我写了一封很长的信给他的幼儿园老师，老师因为从没收到过那么长的信，于是放过了 Samuel，他被准许在午睡时间在教室里跟自己玩。我问过他很多次："宝贝，你在玩些什么？"他总是说："不知道。"孤独是不能叙述的，因为如此，Samuel 和我一样都是很能够独处的孩子。我不知道这好不好，不过，等他读完幼儿园，他的小枕头仍是完好的。

　　开灯，等不及灯光变得透亮，手已经翻开了书，也许每个人都应该尝试一下在寂静的时光里突然醒来、阅读的感觉，你的心就像最干净最平静的湖面被色彩奇异的落叶一片一片地碰触出无数涟漪，那是一幅又一幅的美景，是只有你才拥有的收藏，那是你会在很多年之后重现的佳酿……

　　"你在森林里骑马，突然不知打哪儿飞来一袋小麦砸到你，你落马，动也不动地躺在林地上，瞪着地上的昆虫和松果，生命和气息正慢慢消失……"这是一个英国男人对失去母亲的描述，我飞快地读完这几句，又读了一遍，又读了一遍……左胸深处突然痉挛。已经整整 14 年，我不曾这样痉挛。14 年前我和父亲都因为这种痉挛看过医生，我们都以为自己得了心脏病。医生说不是，只是因为母亲去世了。那一年，我确切地知道：心痛不是一种形容。

呼吸。深呼吸。微笑地呼吸。很久，痉挛终于慢慢减弱。我这才明白自己买这本书时的犹豫何来，拿起，又放下，又拿起，最后对自己说："这里面的照片很好看。"其实是隐隐地害怕，自己是否已经能够完全面对。多少个母亲节过去，从来不敢认真地写一篇文字给母亲。我怀疑自己并没有书写母亲的能力。

合上书，关了灯，在幽暗中耐心抚摸着左胸，却根本无法抚到发痛的地方，它在森林深处。我看到自己倒在地上，昆虫爬到我的脸上、睫毛上，松果搁在我的额头和土地之间，不光滑的棱角使我十分不舒服，我却没有力气调整。我一动不动地躺着，幻想自己在幼儿园墨绿色的小床上……

就这样过了很久，好像某种记忆被恢复了一样，我抓住了在那张绿色小床上的感觉……竭力盼望却无助的、努力昏昧却落空的、孤绝无援的感觉。我也想起了之后的感觉，当所有孩子都醒来之后，我清醒地明白自己在他们中间的不同，并且知道他们还会睡去，我还会醒着。孤独，从来就是那么真实。我看到绿色小床上的孤独和失去母亲的孤独渐渐融化在一起，让我再也分不清楚……在越来越白的晨光里，疲倦又浓又重地袭来，感谢上帝，总是这样爱我安慰我，总是在最累最痛的时候给我安息，让我醒来的样子就像从来不曾独自醒来过一样。

人最需要面对自己的时候是平安的，人需要能够独处，能够自处。浮躁来自无法安静独处、无法自处。有美好丰富的内心世界的人，是能够享受独处和自处的。

"本来" 只是路过

　　散步的时候喜欢走树多或者小店多的路。这家名叫"本来"的店是新开在宿舍附近香梅路天然居小区里的，远远看见一块暖色的黄光，就直接地被吸引了过去，我是很抗拒日光灯的。

　　"世界停电的夜晚，他们爬上屋顶，静静地欣赏着黑暗世界的惊喜……"走进小店时，里面的音乐里有一副很沉静的嗓音正在缓缓地读着这样的句子，很慢的女声。轻轻地走在木地板上，不愿打断那种声音构成的画面。有音乐设计的小店，一进去就会有走进某种新体验的感觉。呵，进门的时候要小心，门口的墙角点着一支蜡烛呢，烛光照亮了旁边的海螺、贝壳和鹅卵石……好喜欢这样莫名的细节，会有没来由的奢侈感。

为什么叫"本来"呢？可爱的小店员笑着说不知道。店铺分前后两间，还有一半的阁楼，楼上放着很多洋娃娃，好久没见过那么多的洋娃娃了，一个个很细心地看，想起小时候曾给自己的洋娃娃做过无数条裙子。还有好多好多玻璃罐和玻璃瓶、玻璃的糖果、糖果的包装纸，也想起小时候总是跑到校医那里要空的玻璃瓶和空的纸盒子，没有理由地收集，享受着一种好富有的开心……

还有用纤细的小树枝和竹子编成的锅垫、杯垫，很像古人的竹简。而那些巨大的餐盘、果盘，色彩犹如油画一般，十足的地中海风情，用这样盘子的家一定是温暖好客的，一定有能干美丽的主妇，做一手好菜，请一帮好友在阳光下聊天喝酒。看着店里的餐具会很向往这样的场景。不过茶具却又是小件的偏多，可爱得像一树的水果长在茶具架上。

突然有些明白，为什么这个小店叫"本来"了。也许生活本来就应该是这样——有悠悠的音乐，点着馨香的蜡烛；贴近泥土，保持纯真；慢慢地喝茶，慢慢地吃饭，细心地浇花，收集所有无用而又心爱的东西……

看见到店里来的好几个女人总在问："这个是干吗用的呀？""哦，好可爱啊，真想得出。"也许我们离生活已经有些远了，许多东西已经不知道是干吗用的了。看中了一个铁皮的小洒水壶，虽然没有养花，却喜欢它那副老旧的模样，于是把它买下，想着回去可以放彩色铅笔。

　　出门的时候觉得里面还有很多东西在心里牵挂着，看看那些在店里逛来逛去的妇人，也变得一派悠然，不再问东西的用处了，很安静。

———
难得，这店还在。

芬芳是花的真谛

花儿，一定掌握了女人生命的密码，什么礼物也比不上一支鲜花递到眼前带来的欢喜，那是油然的。即使，是在草丛里找到的一朵小花儿，被送到眼前时，也像是一个郑重的赞美。

可惜，花的生命总是短促的，接过花的那一刻越浓烈日后也便越怅惘，有什么样的赞美会比一朵花更芬芳呢？

在金庸的《书剑恩仇录》里，红花会的总舵主陈家洛为了香香公主跃到半山腰里峭壁之上，去采摘两朵海碗般大的奇花。当他双手将两朵雪莲花捧到香香公主面前时，她天真地问道："你不怕摔死吗？"陈家洛道："那时没想到会不会摔死，就怕摘不到你心爱的那两朵花。"其实，当他回头瞧那气象森严的峭壁时也不禁心惊得全身一片冰凉，感叹自己竟然可以为了两朵花不顾性命。纵然如此，陈家洛还是为了他一生的事业牺牲了香香公主。花的美与残忍，这两朵雪莲便是个经典。对一个女人来说，真正盼望的是一个永远送花给自己的人吧。

我喜欢留在记忆中的花香，不过都与男人无关。小时候母亲打开自己的手帕，让我闻藏在里面细碎的桂花，一边说："这是金桂。"我曾无数次想象着她怎样遇见了开花的桂花树，然后怎样细心地包裹着它们想着要带回家给我看。

我也记得女友雨的父亲下楼散步捡了几朵玉兰，回家放在雨生病的母亲枕旁。那日我刚好去雨家，她母亲知道我来了便把雨叫到房间，让雨把自己枕边的玉兰拿给我，只说："她喜欢。"而这时的我已经没有了自己的母亲。这飘香的玉兰，让我理直气壮地在每年母亲节跟雨共享着一个妈妈。

我还记得在湘西的凤凰，一大早，女友艳红便来了，她将几朵新鲜的茉莉花从空的纸药盒里倒出来，留在我的床头柜上，不过她总是什么也不说。正如别人向她询问花的意义时，她只回答："我要说的，都在画里面了。"艳红是为了花来到世上的，她是个画花的女画家。我想着她的茉莉，总会想起一句关于她的画的评价——"如果你看到她画的花，你会想哭。"我想，爱花和懂得花的人，感受是一样的。

　　能留在内心的花，都会在生命里久久飘香的。只要你记得，又何必计较花的踪影，芬芳才是花的真谛。

很感恩，每一周，我们都换鲜花，每天都生活在鲜花里。不过，我有点过分地要求不准买玫瑰，不准买百合，我要每周都有特别的花草。

家有奶茶等着我

Tea with Milk Is Waiting For Me at Home

一生中总该有些让自己上瘾的事情，其实有些好习惯就是这样保持了下来。

回到家的第一件事情是煮奶茶，尤其在冬天。当你将一杯茶喝完时，疲惫便放下了你。或者在起床的挣扎中，也是因为想喝一杯奶茶的动力让自己终于起来了。一天，就是从喝完奶茶开始的。没有了这杯茶，这一天都无法妥帖。

以前没有尝试过姜奶茶，后来因为跟一位瑞典的朋友喝茶，见他唯独钟情于此，好奇，便开始学做。我想姜奶茶一定不止一种做法，但是我按这种方法做出来味道还不错。天寒时，喝着特别的暖。

　　煮姜奶茶要先煮出姜水，一大片就够了。一般，我不会把姜的皮去掉，因为知道姜皮是有药性的。姜片放入单柄的不锈钢锅里，水大概八分满。水滚以后我会稍微等两分钟，让姜的味道浓一些之后再熄火。因为姜味太淡会被茶香和奶味甜味盖过去，那就失去特色了。

　　在水滚之后，我会把红糖放进茶壶里，而茶叶放进茶漉里，然后将煲好的姜水倒进茶壶。糖需要温度融化，所以应该让它先遇到姜水。做姜奶茶我用的是红糖。有一种粗颗粒状的红糖，却又不是红色，是橙色的，我喜欢它的颜色，买回来试试，心想不好的话，放在玻璃罐里当摆设也好看呀。一试之后，发现跟姜很谋和，没有白糖那么死甜，反而有些香，不过用量得略加重点。

　　等茶叶泡出的颜色转为黑红色时，就可以放奶粉了，如果有冰的鲜奶兑入是很英式的。不过在冬天，我喜欢茶浓奶也浓，所以用奶粉，这样可以保持奶茶的温度。奶粉可以用雀巢的淡奶粉，不要选择有许多营养添加物的那些，更不要用什么咖啡伴侣之类的植脂末。奶茶最要原料的天然和纯正。茶叶最好是锡兰的红茶，有添加味的话可用肉桂味的，因为跟姜一样属于辛辣一族。如果胃怕刺激就用纯红茶好了。

　　说起来好像有些复杂，其实十分简单，常常还在没有完全苏醒的状态下我就已经将一壶茶煮好了。在冬天我每次都会做两人份，因为当回家很渴时我会将早上没喝完的奶茶倒回小单柄锅里，滚开后就可以喝了。你想，在回家的路上，在冰冷的寒风里，如果想着有一杯奶茶等着你，你的内心总是温暖的。

　　姜的辣是鲜活的，茶的香是温情的，奶的醇厚和红糖的甜蜜……它们就像我梦中的爱人，集温厚与柔情于一身，激越在深不见底的荡漾里。

———

很多人告诉我她们都用过这配方，甚至有人开咖啡店，也照此方卖奶茶，应该味道是可口的。能调制几款可口的饮料，常常以此服侍自己的家人、友人，是非常快乐的事。

慢慢活着

Living Slowly

心脏病专家弗朗西斯科·博萨斯指出："心情郁闷与快节奏生活之间存在着必然联系，这增加了人们患心脏病的风险。"大工业时代延续至今的"快文化"，使全世界每百人中就有40人患这一隐性的心理疾病。新的"慢生活"国际运动，在科研支持下有组织地挑战着"快"的霸权。

"磨王"是我在朋友圈里的外号。我慢，害怕着急，害怕让我慌张的人和事物。喜欢准备漫长的时间参加各项聚会，不能接受当天的邀约。不是我矜持，是因为着急会从头到尾破坏我所有的兴味。朋友们为我概括的时间概念是，"马上就好"是半个至一个小时，如果是"等一会儿"那就意味着太空时间。同事为我总结的时间观是，上午发生的事就是昨天，昨天发生的事都是以前……所以，我最喜欢的男朋友就是等我等我，从不责备地等我。我把人的时间观与人的价值观等同起来看。我最害怕所谓时间观念强的男人。我实在是很喜欢愿意浪费时间的人，这样的人骨子里无视得失，浪漫得真实。

今年母亲节的那天，曾去给一个亲子活动当时尚评委，活动中有一个环节是让孩子们说出最不喜欢听到的、父母常说的话。结果，几乎所有的孩子都说最讨厌听到的话是"快点做功课去""快点吃""快点去洗澡""快点讲"……引起哄堂大笑。我不禁在内心感谢自己的母亲，在我小的时候总是嘱咐我"慢点走""慢慢说""再吃慢一点"。

出生得早有出生得早的享受，至少，那时我们从来不会听到"时间就是生命，时间就是金钱"这样要命的话。我们的童年是一天又一天、一年又一年、盼望长大的童年；是老也过不完的暑假，是总在盼望成熟的青涩岁月。而如今，所有的孩子从小就在拼命地生活。偶尔看了次超级女声，心里很难过，那份对梦想的急切何尝不是对生命的焦虑。一夜成名，享受的就是一个"快"字。所有的年轻人都会背张爱玲的名句——"成名要快呀……"为什么不背张爱玲姑姑数落她的话："你爸爸怎么也是雅……你怎么就一身俗骨？"

法国大餐的举世闻名不仅是技术上的，根本在于法国人把吃看成生活的哲学。他们相信"诗意的美食"，崇尚"温柔的菜单"，相信爱情才能激发厨艺，才能让人变为最好的厨师。为了寻找古老的美味，法国人会到很遥远的乡间旅馆品尝地道法国美食。最令人叫绝的是，那些小旅馆的主人并非来者不拒，他们不仅保存了古老的滋味，还保持了古老的品性，对于看不顺眼的来客，他们连门都不开，有的则规定一天只招待五桌客人。这就是真正的慢生活，里面有清高，有我行我素的情怀。只要你的心是慢的，你就能放大自己生命中的真爱和感受，永远走在速度的外面。只要你的心是慢的，你就是女王。

———
慢活的根本建立在心里完全没有急躁。

胃骄傲心才能骄傲

　　法国有句古老谚语："告诉我你吃什么，那么，我也可以告诉你，你是哪一种类型的人。"法国男女是通过吃饭来了解对方的。男人的风度礼仪，女人的内心品位，都是从一次晚餐开始去了解的。他们把这种情境下拟订的菜单称为"温柔的菜单"。所以中世纪时曾流行过这样的话："调皮的爱情游戏能激发厨师的想象力，使其成为实际上最好的厨师。"法国人的生活就是日复一日地在亲爱的枕边人与亲爱的饭桌间来回打转的生活。

　　周末的午后，阳光就如从印象派的画中走出来的那样斑斓，这是最适合《隐藏的美味》的阅读光线。心情开初是懒散的，买下它是想学做里面的一道汤来吃——栗子羊奶汤。从小就喜欢奶味浓的食品，喜欢甜。

书里的栗子羊奶汤用砖红色的土陶碗盛着，一旁撒着些面粉和板栗、法式小圆面包。照片的用光是低调的，但已够让我闻到那股浓郁的奶香。买书从来不看前言后语，都是随手翻看，随便哪页的一句话、一张图常常就是我买下那本书的理由，往往，这样买下的书也是很合意的心爱的书。

因为这本书，我买了栗子粉，买了奶油，我相信自己能够煮这道汤。而我更喜欢汤里那隐藏着的激动，喜欢法国人对待食品的完美态度。法国人对待饮食，就像艺术家对待创作。他们把每天的下厨看成是满怀着爱来烹饪的工作。

书里提到，法国的天才大厨阿兰·巴萨德在每天走入厨房之前都会照例到大厅向客人问候，跟客人的交流是他工作的灵感，所以当他发现客人当中没有他认识的人时，他会很沮丧。法国菜里那最后的一点"即兴创作"，其实就是来自当天的灵感，就像爵士乐，每一天都有新的感悟。这即兴之中的激情就是一种骄傲，一种唯美的、绝不敷衍的骄傲。他不是做菜的厨师，他是一个对生活对生命充满尊重和情感的艺术家啊。

法国人把如何吃看成是生活的态度问题，于是许多法国大厨都投身到"校园味觉运动"中，帮助新生代的法国人重新体会法国传统美食，他们要让年轻人知道吃所带来的欢乐不是速食和快餐能够带来的。因此，法国餐饮一片"复古风"，其中洋溢着家乡味道的家庭式餐馆颇受法国人迷恋。

我却十分迷恋书中提到的一位做里昂菜的餐厅老板。他的脾气很古怪，一个星期只肯营业两个晚上，而且只要是他看着不顺眼的客人他是不给开门的，也不接受预约。可是所有吃过他的菜的人都无法忘记那浓郁的家乡味……描写这位厨师的词语是"矮胖"。而里昂菜则是挑剔的法国人深感自豪的菜，因为只有在里昂他们才能享受到比家里还要好吃的法国菜。里昂的厨师还有一个别称就是"母亲"，他们的料理被法国人统称为"母亲的料理"，因为它保存了传统烹饪的精华。

我把那段描写矮胖厨师让·尚里翁的文字读了很多遍，想从中找到一些蛛丝马迹，看看自己是否具备做他的客人的标准。多么欣赏他的骄傲！吃原本是为着生，但他的傲然之中却没有一点贪生的气息，也不准许你贪生，因为他做菜和吃他做的菜都是一个荣幸。

另外还有一位甜点师对利慕赞"樱桃奶油派"的诠释也一样让人肃然起敬——"能成功地抓住樱桃奶油派精神的，只有利慕赞人。因为，成功的樱桃奶油派首先要求有利慕赞当地产的新鲜黑樱桃，只有这种黑樱桃才带有一种独特而与众不同的香气；其次是懂得拿捏面糊的丰富性与清淡口感……但是要达到樱桃奶油派的完美臻境，则需要血液中有着利慕赞人的气质。"好骄傲的樱桃派啊，谁能小瞧这有气质的樱桃派！它里面有法国人对大自然的赐予的尊重，也有一个派里的"情感价值"。

看法国人的饮食，你会了解那都是生根了的美味，是跟土壤、性格、心情息息相关的。胃骄傲了心才会骄傲。

法国人对食物的热爱，还体现在对天然食品和传统烹饪法的不懈追求上。美国人的体重超标太多，原因就是快餐食品太发达，且失去传统的烹饪的热情。

头发的诺贝尔

Nobel of Hair

　　每买埃尔弗里德·耶利内克的新书，我就会在翻开勒口的那刻为她祈祷：不要不要吹高头发……她书中几乎所有的作者头像都是将前额的头发吹得很高的那种，使她凌厉的方脸更多了几分锐气，也许这是她自己想要的效果，但奥地利的发型师也蛮不该让她以这样的形象闻名于世。不过，假如耶利内克花太多时间在发型上的话她也不会获诺贝尔文学奖了吧。她有一张戴黑色蓓蕾帽的照片，因为没有了头顶那束吹高的头发，她脸庞的线条不仅立即柔和了还显得特迷人，洋溢着艺术家浪漫的气息。

　　自从半年前头发由得过世界冠军的大师修剪过后，我就一直没舍得去沙龙做头发。知道吗，在大师之前我的头发历经了两次烫、三次染，而且是在两个月内，想想就像一场噩梦。之所以那样折腾，原因其实很简单，剪功不到位，发型师也找得不对。第一次烫时，我遇见的发型师没有过硬的剪功，又太怕我不满意，结果怯生生地把我的头发弄得像狮子王。第二个发型师是白羊座，非常以自我为中心，根本不听我的意见，非常潇洒地把我的头发修改了一番，完全哈日韩的风格，发尾稀稀拉拉几绺。于是，我自己设计了一番进行第三个回合的修饰，直到把好端端的发质变成美丽的稻草。

直到遇见从德国来度假的大师，他把修改工作都放在剪功上，好像每个地方也只是修剪了几根，形状却即刻得到完全的改观，我的精神状态也完全得以恢复。一个好发型真的会带来好的自我感觉，以及随之而来的一切美妙。

找适合自己的发型师简直就像寻找 Mr.Right 一样难。你要学会练就一双毒眼，才能够辨别出适合自己的好发型师。我从来不会选择穿着前卫、发型朋克的发型师。我通常选择面容疲惫、眼神专注、寡言少语的发型师。他们一般穿修身的黑色布衬衣，里面有圆领白汗衫。这类发型师都留简单平头，或者像哈利·波特那样有些凌乱参差的发型。他们的技术过硬，所以客人多得使他们面容疲惫。他们敬业稳妥，穿着利落不夸张，一切为了方便工作。他们言语少是在花时间找灵感，如何让你的发型变得更好。那些常常来拍拍你的肩膀，说你年轻貌美的发型师建议敬而远之。

很幸运，陪女友去做头发，遇见一位在英国做了 15 年的发型师，非常吻合我的要求。他的话很少，第一句是"有什么可以帮到你"，最后一句是"你绝对适合凌乱美，不知你是否满意"。我早已心花怒放。他的剪功一流，颜色的调配会考虑如何让你显得更健康以及马上要来临的季节光线。一定要记得，最好的发型师都是好在剪功。不管你要烫还是要染，好的发型得由完美的轮廓开始。找到如意的发型师，自信心高涨，真希望诺贝尔也有关于发型的大奖。

———
谁都需要好发型。

只因这朵小碎花

如果有 100 万来挑选家具，我当然也想找
18 世纪法国纺锤式家具。把古董碗当成烟灰
盅；月季花蕾的手工钩织窗帘，细棉纱布衬底；
橡木书柜，水晶的柜门；墙上挂莫迪尼阿尼的
珍妮花和马蒂斯的线描，当然是手迹……嗯，
100 万，看来还有些不够。

生活便是如此，如果梦想华美，就会对
朴素产生非常高的要求。那么多人去宜家买家
具，是否是这个原因？很反感那些嘲弄去宜家
的人，总是不厌其烦地提及宜家在瑞典和国外
的平民定位，说只有留学生和难民喜欢去。这
逻辑多么奇怪，留学生和难民只能表明一种经
济能力，与品质和风格无关。卡米拉长在贵族
堆里，她的品位就好了？即使是查尔斯，也缺

乏天生的好眼光。在家具品牌店，遇见实木的书柜和茶几，店长介绍说：
"这些卖得很好，风格跟宜家很像的。"你看，近两万的实木书柜，卖
得好只是因为跟宜家相似。你觉得有人花那么多钱，就是为了变得跟难
民一样么？

　　一个工薪阶层的人，最好的风度是什么？落落大方，不卑不亢。
那么宜家是很衬这个形象的。宜家很简单地解决了梦想与现实之间的
差距，它让你觉得没有钱原来是这样一件有趣的事。你可以用北欧设
计师为你设计的餐桌，那些原木色的折叠桌子像小树苗一样将"跟着
生活一起成长"。它的宣传语带着生命的暖意，让你觉得自己的生活
充满了希望。

　　因为白色的新棉布窗帘上开了一朵朵的小碎花，所以我就想找到可
以搭配这个田园风格的沙发，当然也要棉布的。于是在宜家找到了卡其
布的格子沙发，坐进去就是回家了的感觉，舒服得不想再起身。宜家的
人说是绝版，以后都不做这款了。听说如此，就多买了一张。接着茶几
和电视柜当然就得跟沙发搭调呀，左看右看还是宜家的才协调。然后蔓
延到餐桌，那么椅子也得跟餐桌一致吧，就又添了椅子。宜家的书柜是
自组式的，可以根据自己的房间结构组合出各种大小和格局，相信爱书
又多书的人是会对宜家书柜的书卷气一见钟情的，它有读书人应该有的
淡泊气质，尤其是桦木色的。假如说有什么是国内设计最欠缺的元素，
那就是这种渗透到产品里对现实的态度。

　　我们的家具太注重设计本身，也喜欢卖弄颜色和细节。你会听到店员介绍"这是今年最流行的"，难道家具每年一换？比如，当你想挑选心中的沙发时，你却发现自己其实处在某种唯一的设计里，别无选择。到处都是拐角的 L 形沙发。当然也有高档的品牌能让你离开流行队伍，但你要想清楚，它会否跟你的一切协调。我拒绝一张过万的英式梳妆台，原因就是，我怕这份礼物会让自己体会到人生灰凉——不是每个人都能在它面前轻巧地落座的。我用宜家的仿古色四斗柜充当梳妆台，它与我那面旧的藤边镜子有如失散多年的爱人，珠联璧合。每当我在清风里坐到它面前时，是那么的心安理得。它是唯一的。

　　要说宜家有何不好，就是它的 DIY。当我看到屋子里又扁又重的纸盒子堆积如山时，我简直不敢相信这就是我精挑细选的家具，没有了宜家那灯光柔和的示范卖场，它们都变成一块块无助的木板。在此介绍一下个人经验，如果你觉得很难把钉子拧进木板里，你可以把蜡烛点燃，将融化的蜡液滴在钉子上。最好是西柚香味的蜡烛，听说它的香味让人闻了会年轻五岁。就因为窗帘布上的那朵小碎花，我连蜡烛都是宜家的。这的确是很好的被讽刺案例，但我不介意。

喜欢小碎花……它于我，代表的是家、是脉脉温情、是四季的平安、是儿女情长、是美满的舒适、是永远年轻的情怀。

八月不灭

那一天，我去看望母亲。临走时看见了新来的邻居，她秀美的脸，柔情地笑着，她多么年轻呀。"1968 年 8 月—2002 年 8 月"，她的墓碑上这样刻着。我的心紧缩了一下，跟我年龄相仿的一个女子就这样将她的笑脸永远定格在冰冷的大理石上了，那美丽近在眼前远在天边啊。死亡来者无拒，留在那儿的可能是任何人，可能就是我。倘若是，我的微笑将被谁记起，又因什么而令人不能忘怀？我希望自己有一张静美的脸，在石头上，也在一些人的心里，无畏地微笑。

也是 2002 年 8 月的一天，我在行驶的长途大巴上，要从一处去往另一处。很疲惫地坐着，就那样看见黄家驹在车上的电视里唱歌。

家驹光着上身，高唱自由和理想，呼吁和平。"再次再次呼吁……"他唱着。我也再次地诧异，家驹诞生于香港是个奇迹。他的活力、良知，每听每震撼。天赋这样好呀，上苍却早早将他收了回去。"原谅我这一生，放纵不羁爱自由。"家驹站在海边的风里唱着这句，衣衫飞扬，仿佛要乘风而去。

他活生生的青春和豪放，让我再也忍不住地潸然泪下。家驹，你的自由，现在终于足够了吧。你的生命以最纯洁的形式存在着，你的灵魂和肉体因死亡得到了最完美的结合。没有了生存的琐碎日常的困扰，没有了寄生于肉体的无奈，你终于成为音乐成为歌成为被咏唱的精灵，在寂寞的路途上像天使那样感动无数如我般身心俱疲的旅人。家驹，看你唱歌，我分不清何为生何为死。若你真的已死，何以能令生者百感丛生？

还是 2002 年 8 月的一天，我从传媒得知崔健表示他心目中最幸福的死亡方式是能在舞台演出的时候猝死。我很自然地想起 1990 年初秋在厦门，刚毕业的我被两个美丽的厦大女友带去看崔健的演唱会。剧院的过道里站着警察，为的是制止我们站起来，他们尽职地管束着许多因崔健的歌而按捺不住的激动的心。

终于崔健大声地朝着台下喊："厦门的观众，你们坐着听摇滚累不累？"于是，后面的观众（主要是厦大的学生）全站了起来，我也在其中。在那样的歌声和氛围里去命令人坐下会显得多么可笑，警察中也不乏年轻人，但职业怎能阻挠人所有的感觉。我们以各自的姿势听完了余下的歌。

　　我带着对那句话清晰的记忆在一个新的世纪知道了崔健所向往的死法，这像他说的话。假设有所吃惊，是来自漫长的岁月里他对摇滚有增无减的激情，要知道时间最善于侵蚀人纯洁的心志了。如果崔健在 12 年前发出的那声呼唤是为了更多的理解和热爱的话，今天的崔健在乎的已非台下的掌声，摇滚跟他早融为一体，舞台就是他生命所需的唯一空间啊。当人活着和死去都因为同一理由时，生与死是没有区别的。

　　选择死，选择如何死，也是生命的权利。可选择的死是活着的另一种形式；令人敬叹的死是一个人精神的最后体现，血肉之躯倒下的那刻，也完成了对生命和理想的热爱。

　　生命的确苦短，但寿终正寝永远不适合某一族群。我不能想象普希金不是为爱情而死，除非不曾读过他的诗；我不能想象海明威会平静地将生命耗完，如果你读过他一次次朝真相靠近的文字，你就会理解他"在漆黑的夜里醒来，突然变得如此地在乎"的滋味……他们注定了要按自己的方式善始善终。相同的是，他们的死都永远地留在了生者的视野里。

　　愿上苍赐福那活着的喜悦，愿上苍垂怜那离去的心愿，美妙的生命应该如愿以偿。倘若一日，崔健在幸福中离去，希望我们都在台下，站着，并正摆着我们感觉快乐的姿势，含泪鼓掌。

　　我像往年那样度过了我的 8 月，只是无意中记住了一个柔情的微笑，听到了一句无畏的话。日子其实没有名称，生命其实可以不分此岸彼岸，就像蓝天绿海，水天一色。

―――

不知天高地厚时，总喜欢发表一番对生命的议论。
心里生出对生命真实的敬畏后，对生死，才选择谦
卑地沉默不语。

在简单的抉择里丰富地生活

Live Colourfully in Simple Choices

　　浏览精美的餐牌之后还是决定喝一杯梅洛斯红茶，仍希望从那纯正浓郁的风味里体味缪丽尔·斯帕克在爱丁堡生活时梅洛斯红茶给过她的温暖陪伴，以及她小说里留下的梅洛斯红茶的余香。那高雅的香味曾捕获了维多利亚女王的芳心，并将它任命为王室御用茶。在这杯简单的红茶里，可以享受到的丰富滋味是无边的。我深知一杯好红茶远比任何调味茶都耐人寻味，因为红茶的醇厚决定了品质的芳香、纯粹，是百尝不厌的。

　　正如面对无数的品牌，最后的欣赏总是落在结实的概念和练达的表现力里。真正的大师能用一根优美的线条来创造潮流，或者在一块面料里做出完美的梦，并不是层层叠叠地缝制出惊世骇俗的创意。这也是为什么越来越无法去欣赏 Dior 的天才设计，约翰·加里亚诺到底能为我们、为时装史留下什么，留下多少，还需时日验证。即使他如今是多么的当红，我也还是认为他的天才与 Dior 的天才不可相提并论，而且，显然，我们用"天才"和"大师"都有些太过冲动。

在简·奥斯汀生活的时代，人们视古老的家具为过时，"很多家具散发着 50 年前的味道"显然不摩登，购买"现代的家具"才是贵族的新时尚，旧家具是不值钱的……而如今，人们不仅把 18 世纪的家具视若瑰宝，英国人还把简·奥斯汀书中描写的时代评选为英国人最向往和最适合生活的时代，简·奥斯汀也成为最受现代英国人欢迎的作家……时尚是如此的不可信赖，因此我们都牢记住了香奈尔的名言——"唯有风格永存！"我们与时尚的关系不是简单的追随关系，在我们和时尚之间还有一个抉择的权利，放弃还是挑选，是我们决定让时尚赋予自己何种意义的权利，人们把这叫作品位。

当花卉以不同的疏密设计成流行图案被烤到茶具上时，洁白的茶具仍在；当茶具因为图案被打上时间的烙印而过时了，洁白的茶具还是在。在时间的洗涤里，洁白的茶具只会越来越精致和经得起推敲，不论何时，它都是茶具中不可或缺的品种，因为它可应对万变的风格，而喜欢作简单抉择的人总会毫不犹疑地选择它。

"闭门即是深山，读书便有净土。"讲到生活方式的简单抉择，古人早有顿悟。只是，选择简单意味着放弃短暂的丰富。其实，当你对一切只作简单的抉择之后，你将获得的就是一份真正丰厚的生活，正如对待爱情，当你只要求情投意合时，你的幸福也将缠绵而悠长。学会作简单的抉择，然后享受其中的丰富，这至少会是一种永不过时的风格。

———

是的，我应该有一点点理由说：简单真的很丰盛！
我的好生活都源于简单的选择，包括单纯地爱上帝。

大树下的人生

还没到家，在小区旁的林荫道驶过……"停车停车。"我说。

我下了车，因为看到在大树下卖碟的女孩回来了，怀里抱着她的小婴儿。好开心呀，有七个月不见她，她去生孩子了。

"来看你的孩子啦，你终于回来了。"我一下车就朝着她说，她早就看到了我，一直在笑，她那蛮好看的先生站在婴儿车旁，憨笑……她的弟弟和弟弟的女友也一齐笑着，他们的笑是一模一样的。

走过去，接过她的孩子，孩子好软好肥，抱在怀里，好舒服呀，我抱着她的孩子跟她聊起来。

她和先生本来有个儿子，但是她说先生很想有个女儿。不过，这次又生了一个男孩。我对她先生说："再生一个吧，一定是女儿了。"他们都笑了，说不再要了。孩子长得很好，我想他们一定是满足的。

"不怕的，我将来会带好美丽的女生回家给爸爸妈妈做女儿的，不怕的……"我对着怀里的孩子说着，孩子乌黑的圆眼睛看着我，孩子的爸爸妈妈果真开怀大笑。孩子就是希望，具备一切可能，只要我们祝福他，幸福就会属于他。

从前，总是在这棵大树下，只要天黑她就会出现，骑着一辆单车来。D9 的碟用小旅行袋装着放到身后的树丛里，其他的放在自己面前。我的好多碟都是跟她买的，晚上只要陪父亲散步都会走到她这里看看。她的碟放在一个纸箱子里，分类很明晰；她的动作也总是很从容，井井有条。找给我们的钱每一张都是很整洁的，不会皱巴巴。她的白跑鞋从来都是干净的，没有污迹，头发整整齐齐扎在脑后。每次跟她打听的新碟老碟她都会仔细记在一个小本子上，有没有找到都会给我一个回音，是个可以信任的人，我喜欢她。手机里还有她的号码，有时也会收到她的信息，很简短："你的碟到了。"春节的时候，我发过一个信息给她，因为她已经回老家生孩子了……她也回了一个祝福给我。

她走了以后，她的弟弟就来到这棵大树下卖碟，树旁有路灯，很明亮的地方，是处于三个小区的交叉口。于是常常跟她弟弟问姐姐的情况，她弟弟的性格也像她，干净平和，像做大事业的人，不爱计较，看到很多次有人跟他讲价，都会轻易成功。慢慢地跟她弟弟也熟了，知道他原来想读师范当老师，差了几分没考上，所以白天在罗湖上班，晚上帮姐姐来卖碟。不久，交了个女朋友，晚上女朋友也跟着来了……他说姐姐回来后在罗湖也找到一个地方卖碟，这边姐姐让他来做。我在心里想着，他姐姐的新地方一定也有棵大树吧，那么聪慧的女孩，什么都能料理得很好的。

　　说了祝福的话，跟他们告别……

　　回到家里，为周末做寿司。边做边想着卖碟的姐弟，看着他们一家，人多了起来，事业多了起来，心里莫名地就替她高兴。结果，心不在寿司上，都做成了才想起忘记放欧芹粉和芝麻。最近琐碎地忙着，没有停歇，也不想记录，因为不爱记流水账。今天看到这对姐弟，又看到生命的单纯安静。人怎么样生活都可以静美，只要你的心是稳妥的。心安定了，人生就安定了，安定的人生才有机会枝繁叶茂。

———
这是两年前的手记了，他们终于走了，为了孩子。
走之前，我送了他们一本《圣经》，不知何时才相逢，
愿他们平安。

（京）新登字083号

图书在版编目（CIP）数据

有一条裙子叫天鹅湖／黑玛亚著. — 北京 ：中国青年出版社，
2013.7（黑玛亚书系）
ISBN 978-7-5153-1724-3

Ⅰ.①有⋯ Ⅱ.①黑⋯ Ⅲ.①随笔-作品集-中国- 当代 Ⅳ.①I267
中国版本图书馆CIP数据核字（2013）第134743号

责任编辑：李 凌
装帧设计：瞿中华

出版发行：中国青年出版社
社址：北京东四12条21号
邮政编码：100708
网址：www.cyp.com.cn
编辑部电话：（010）57350520
门市部电话：（010）57350370
印刷：三河市君旺印装厂
经销：新华书店

开本：700×1000
印张：13.75
字数：120千字
版次：2013年8月北京第1版
印次：2013年8月北京第1次印刷
定价：29.00元

本图书如有印装质量问题，请凭购书发票与质检部联系调换
联系电话：（010）57350337